Maureen Rank

DAS ERBE DER VÄTER

Heilung der Vater-Tochter-Beziehung

Maureen Rank

Das Erbe
der Väter

Heilung der Vater-Tochter-Beziehung

Hassmann-Verlag, Fürth

Im Original erschienen bei Bethany House Publishers,
6820 Auto Club Road, Minneapolis, Minnesota 55438, USA
mit dem Titel: „Dealing With the Dad of Your Past".

© 2001 der deutschen Ausgabe
Hassmann-Verlag, Otto-Seeling-Promenade 14, 90762 Fürth

Übersetzung: Claudia Schwieg
Covergestaltung: Image Grafik-Design GmbH, Landsberg am Lech
Druck: Schönbach-Druck GmbH, Erzhausen

ISBN 3-932491-27-0

Ich habe Einsichten gewonnen, die mir Heilung für innere Wunden verschafft und mich von Gefühlen befreit haben, mit denen ich über Jahre hinweg zu kämpfen hatte. Jetzt verspüre ich eine tiefe Zuneigung und neuen Respekt meinem Vater gegenüber und erlebe das immer tiefer werdende Vertrauen in Gott, nach dem ich mich so gesehnt habe.

Dieses Buch ist meinen Eltern Maurice und Ada Johnston gewidmet, die mich lehrten, Risiken einzugehen.

INHALT

DANKSAGUNG

Die Psychologen Dr. Kenneth Acheson, Dr. Robert Hutzell, Dr. John Musser, Dr. Bruce Narramore, Dr. Daniel Trobisch und Dr. Paul Westmark stellten mir großzügig ihre professionellen Erkenntnisse zum Thema Väter und Töchter zur Verfügung. Auch Bill Ewing war mir hier behilflich.

Loretta Miller und Paula Rinehart boten mir die unglaublich wertvolle Gelegenheit, mein Material in dem Dienst, den sie tun, zu präsentieren und zu erproben. Hilda Epperson, Charette Barta, Traci Mullins, Carol Van Klompenberg, Martha Popson, die wundervollen Frauen des „Dienstagmorgen-Bibelkreises" und mein Mann Mike haben weiter an dieses Projekt geglaubt, als mir die Aufgabe viel zu gewaltig erschien.

Lori Raymie half mit Feuereifer bei den Recherchen. David Christiansen stellte mir freundlicherweise im Knoxville-Community-Krankenhaus ein Arbeitszimmer zur Verfügung.

Und die Frauen, die mit mir über ihre Väter gesprochen haben, haben mir mehr geholfen, als ihnen bewusst ist.

EINLEITUNG

Vielleicht gehörst auch du zu der Generation, die die Soziologen als die „vaterlose" bezeichnen. Diese Wissenschaftler haben beobachtet, dass seit der Zeit nach dem Zweiten Weltkrieg der amerikanische Vater immer mehr zu einer vom Aussterben bedrohten Spezies wurde. So wie die Scheidungsrate ist auch die Zahl der Kinder, die ohne Vater aufwachsen müssen, in die Höhe geschnellt. Zur Zeit leben fast ein Viertel aller amerikanischen Kinder – an die zehn Millionen – in vaterlosen Familien. Es gibt jedoch noch eine andere Form väterlicher Abwesenheit, die nicht in den Statistiken auftaucht, deren psychologische Auswirkungen aber fast genauso schwerwiegend sind wie der physische Auszug des Vaters von zu Hause, der in den USA nach dem Zweiten Weltkrieg im großen Stil begann.

In den fünfziger Jahren, als Amerika von sagenhaftem Wohlstand geradezu überrollt wurde, ging der Vater ins Büro, um selbst auch ein schönes Stück des amerikanischen Traums mit nach Hause zu bringen. Er arbeitete Zwölf-Stunden-Schichten. Er arbeitete auswärts. Er kam mit einer vollen Aktentasche nach Hause, emotional ausgebrannt. Vater war physisch noch anwesend, aber emotional abwesend, war verloren an eine Arbeitswelt, die seine gesamte Zeit und Energie beanspruchte. Ein nicht geringer Teil der Kinder, die laut der Demographen in Familien mit Vätern aufgewachsen sind, hatten in Wirklichkeit wenig oder nichts von ihren Vätern. Unter den Folgen dieser „abwesenden Anwesenheit" leiden wir heute immer noch.

Nun gut. Unsere Generation ist also von „Vaterlosigkeit" gezeichnet. Aber gibt es nicht das amerikanische Sprichwort: „Wie die Mutter, so die Tochter"?

Dieses Buch wendet sich an die Töchter – uns Frauen.

Vielleicht denkst du: „War es nicht meine Mutter, die den größten Einfluss auf meine Entwicklung hatte? Ist es wirklich so wichtig, wer mein Vater für mich war, solange nur meine Mutter immer für mich da war?"

Obwohl man es anhand der Forschungsschwerpunkte der psychologischen Studien der letzten Jahre kaum erraten könnte – es ist wichtig. In vielen Fällen wurden und werden bei Untersuchungen der Eltern-Kind-Beziehungen Mutter und Vater in einer allgemeinen „Eltern"-Kategorie zusammengefasst. Man nimmt dabei fälschlicherweise an, dass sich entweder beide dem Kind gegenüber ähnlich verhalten oder aber ihr Einfluss auf die Entwicklung des Kindes austauschbar ist. Wenn in den Studien nur ein Elternteil berücksichtigt wurde, war das fast immer die Mutter. Und wenn der Vater einen Kurzauftritt im Rampenlicht zugebilligt bekam, dann meist unter dem Gesichtspunkt, wie er seinen Sohn, nicht aber seine Tochter, beeinflusste.

Die wissenschaftliche Untersuchung des Einflusses der Väter auf die Entwicklung der Töchter ist ein relativ junges Phänomen. Diejenigen jedoch, die sich den Vater-Tochter-Beziehungen widmen, präsentieren einige erstaunliche Ergebnisse. Wenn das, was sie sagen, stimmt, hat ein Vater einen weitreichenden und anhaltenden Einfluss auf das Leben seiner Tochter. Der Blick zurück auf unseren Vater gewinnt zunehmend an Bedeutung, und wir beginnen, Fragen danach zu stellen, wie er durch sein damaliges Verhalten unsere heutigen Freuden und Schwierigkeiten beeinflusst hat.

Für christliche Frauen kann die Erkenntnis darüber, wie unsere Väter uns geprägt haben, eine weitreichende und zutiefst geistliche Bedeutung haben. Der Gott, dem wir dienen, hat sich selbst als „Unser Vater im Himmel" offenbart. Viele von uns entdecken, dass Einsichten über die Bindungen an unsere irdischen Väter wachsenden Glauben und gestärktes Vertrauen in unseren himmlischen Vater zur Folge hat.

Für mich war die Analyse von Vätern und ihren Töchtern alles andere als einfach. Durch die Erkenntnisse, die ich gewann, habe ich Heilung für innere Wunden erfahren, die ich für unheilbar hielt. Ich bin frei geworden von emotionalen Gebundenheiten, gegen die ich schon seit Jahren ankämpfte. Ich erlebe nie für möglich gehaltene Zuneigung und einen tiefen Respekt gegenüber meinem Vater und dieses immer tiefer werdende Vertrauen in Gott, nach dem ich mich so gesehnt habe.

Aber ich erzähle dir das Ende meiner Reise, bevor du den Anfang kennst. Es begann nämlich alles mit *dem Traum* ...

1. Welchen Einfluss hat ein Vater?

Das war wirklich ein merkwürdiger Zeitpunkt in meinem Leben für Albträume. Immerhin war ich eine erwachsene Frau mit Kindern, die gelegentlich nach ihren eigenen schlechten Träumen Trost brauchten. Außerdem schien nichts in meinem Leben Anlass für einen Albtraum zu geben. Ich hatte eine liebevolle, stabile Ehe, zwei großartige, endlich „stubenreine" Kinder, und finanziell ging es uns zum ersten Mal seit Jahren so richtig gut. Mein fünftes Buch war druckreif beim Verleger, und ich lebte ein wunderbar unkompliziertes Leben in einem großen blauen Farmhaus im ländlichen Iowa. In jenem Jahr hatte ich Frieden mit meinen ersten grauen Haaren geschlossen, zu joggen angefangen und sogar gelernt, mit dem PC umzugehen. Es gab vieles, was mir Sicherheit hätte geben sollen. Ich hatte schließlich einiges im Leben erreicht.

Deshalb traf mich die Intensität und Gefühlsdichte dessen, was ich später *den Traum* nannte, auch so unvorbereitet:

Ich bin ein kleines Mädchen, vielleicht sieben oder acht Jahre alt, und stehe auf dem Bahnsteig eines heruntergekommenen Bahnhofs mitten in einer trostlosen Landschaft. Eine Menschenmenge schiebt und drängelt um mich herum. Ich bin verwirrt und verängstigt. Ich weiß, dass ich unbedingt in den Zug einsteigen muss, aber ich weiß nicht, wohin ich gehen soll. Plötzlich setzt sich die riesige schwarze Dampflok in Bewegung.

Sie wird immer schneller, und ich fange an zu laufen. So schnell mich meine Kinderbeine tragen, renne ich hinter dem gewaltigen, furchteinflößenden Gefährt her. Der Abstand zwischen uns wird größer, aber ich weiß, dass ich weiterrennen muss, weil mir etwas Schreckliches zustoßen wird, wenn ich die Lok nicht einhole. Doch als ich halb laufend, halb stolpernd die Schienen entlangrenne, verschwindet der Zug in der Ferne. In einem Graben neben den Gleisen breche ich zusammen und bleibe dort zusammengerollt liegen, allein in der Kälte der einbrechenden Nacht. Voller Angst und Verzweiflung beginne ich zu schluchzen …

Weinend erwachte ich aus *dem Traum*. Mein Mann drehte sich um und setzte sich im Bett auf.

„Liebling, was ist los?", murmelte er und legte seine warme Hand auf meine Schulter.

„Ich hatte einen Traum … "

„Kannst du mir davon erzählen?"

Ich versuchte es, aber erneut überwältigte mich das Gefühl der Verzweiflung eines kleinen Mädchens, und ich konnte nur schluchzen. Mike konnte mich nur festhalten, bis meine Tränen versiegt waren.

Am nächsten Morgen – wir saßen mit der ersten Tasse Kaffee in der Hand in unseren blauen Ohrensesseln, und die Julisonne strahlte ins Zimmer – erschien mir *der Traum* nicht mehr ganz so lähmend. Ohne Ergebnis starteten wir amateurhafte psychiatrische Versuche, den Symbolismus des verpassten Zuges zu deuten. Wir gaben es auf, noch bevor unser Kaffee abgekühlt war.

Wir waren uns jedoch darüber einig, dass *der Traum*, was auch immer er bedeuten mochte, auf einen zwar gut verborgenen, aber offensichtlich schmerzlichen Konflikt in mir hinzuweisen schien.

Eine Auflösung war sicher notwendig, aber das Bohren in meiner Psyche würde warten müssen. Die grünen Bohnen mussten gepflückt, die vierteljährliche Verkaufssteuer berechnet und das Haus für Wochenendgäste hergerichtet werden. Am nächsten Tag hatte ich ebenfalls keine Zeit, *dem Traum* auf den Grund zu gehen, und auch nicht am übernächsten. Aber ungefähr einen Monat später, auf einer Konferenz, holte er mich ein. An einem der Morgen saß ich mit meinem Tagebuch still in meinem Zimmer und ließ die Ereignisse der Woche Revue passieren. Ich hatte nicht gut geschlafen und fühlte, dass es Zeit war, meiner Seele einen „Hausputz" angedeihen zu lassen. Mehreren Menschen gegenüber hatte ich mich schlecht benommen; ich fühlte mich schuldbeladen und entmutigt. Warum versuchte ich immer so verzweifelt, anderen zu gefallen? Und warum war ich am Boden zerstört, wenn ich glaubte, versagt zu haben? Ich schrieb in mein Tagebuch:

Ich fürchte mich davor, andere Menschen hinter meine Maske sehen zu lassen, weil sie dann entdecken werden, wie unvollkommen ich bin. Und wenn sie herausfinden, wie ich wirklich bin, werden sie mich im Stich lassen. Also muss ich mich noch mehr bemühen, meine Schwächen zu überspielen und so zu tun als ob, oder ich werde in dieser Welt ganz alleine dastehen.

Als ich das so schrieb, standen mir plötzlich Szenen meines Albtraums vor Augen. Es war, als ob sich geistige Puzzlestücke zusammenfügten und die Tür zur Erkenntnis weit geöffnet wurde. Die große schwarze, schnaufende Lokomotive schien mir ein Sinnbild zu sein für die Art und Weise, wie mein Vater durchs Leben ging – laut, forsch, stark, unterwegs zu einem wichtigen Ziel. Und mich brauchte er dabei nicht im Geringsten. Wie das kleine, die Schienen entlangrennende Mädchen hatte ich in der Angst gelebt, zurückgelassen zu werden, wenn ich mich nicht genug anstrengen, bemühen und kämpfen würde. Ich würde zurückgelassen, aufgegeben.

Im darauffolgenden Jahr plagten mich Fragen über die Beziehung zwischen Vätern und Töchtern. War an der ganzen Sache irgendetwas wirklich so wichtig? Bisher hatte ich immer angenommen, dass es die Mutter war, die ihre Tochter nachhaltig prägte; Vater war wichtig als Vorbild für die Jungs und als Ernährer der Mädchen, aber ansonsten spielte er für sie keine größere Rolle. War er nett und kümmerte er sich um seine Tochter, so war das ein schöner Bonus, aber sein Engagement war sicherlich nicht Ausschlag gebend für die Entwicklung seiner Tochter zu einer selbstbewussten Frau. Warum sollte gerade die Beziehung zwischen mir und meinem Vater sich in meinem Leben so dramatisch auswirken?

Meiner Meinung nach verband uns so gut wie nichts. In unserem Haus war Papa der unbestrittene „Häuptling" (so nannte ihn meine Mutter immer), ein starker, direkter, imposanter Mann und solch eine charismatische Führerfigur, dass wir über ihn sagten: „Wenn er die Bildfläche betritt, ist er die Bildfläche."

Mein Vater war ganz sicher die Sorte Mensch, die niemand ignorieren konnte. Am Anfang seines Berufslebens arbeitete er als Hilfsarbeiter Nachtschichten in unserem örtlichen Krankenhaus in Knoxville, Iowa. Als er in Rente ging, war er dort Abteilungsleiter in der höchsten Gehaltsstufe, die man ohne Universitätsabschluss erreichen kann. Obwohl er die Schule zwei Jahre zu früh verließ, wurde er Mitglied im örtlichen Schulausschuss und hinterließ dort einen bleibenden Eindruck. Und kürzlich, mit seinen fast achtzig Jahren, wurde er sogar zum Präsidenten eines Klubs gewählt, dem er erst ein paar Jahre zuvor beigetreten war.

Immer habe ich ihn ehrfürchtig bewundert. Unser tägliches Miteinander jedoch war in meinen Augen nicht von Bedeutung gewesen.

Ich kann mich nur an eine Hand voll Situationen erinnern, wo zwischen uns so etwas wie persönliche Kommunikation stattfand. Entweder handelte es sich dabei um Zurechtweisungen für nichtige Vergehen („Am Abendbrotstisch wird nicht gesungen!") oder um logistische Entscheidungen („Ja, du kannst mit dem Auto nach Omaha fahren.").

Ich erinnere mich nur an ein einziges Mal, wo wir etwas zu zweit unternahmen. Das war kurz vor meinem sechzehnten Geburtstag, als wir den Versuch einer Fahrstunde starteten. Nach der Schule hatte ich bei ihm im Büro vorbeigeschaut, und als wir ins Auto stiegen, um nach Hause zu fahren, ließ er mich ans Steuer. Ich legte den Rückwärtsgang ein, war aber noch keine zehn Meter rückwärts gefahren, als er mich wegen irgendetwas, das nicht ganz richtig war, barsch zurechtwies. Meine Augen wurden feucht, aber ich versuchte, nicht loszuheulen. Ich stieg aus dem Auto und ging um es herum zur Beifahrertür. „Fahr du", sagte ich. Er rutschte auf den Fahrersitz hinüber, ich stieg ein, und wir fuhren stillschweigend nach Hause. Keiner von uns beiden hat den Vorfall jemals wieder erwähnt.

Wenn ich jetzt auf das zurückschaue, was mir als das „Fahrstunden-Desaster" im Gedächtnis geblieben ist, begreife ich, dass es zwischen uns keine Brücke der Kommunikation gab.

Ich lernte das Autofahren (von meiner Mutter) und vergaß den Vorfall mit meinem Vater allmählich. Ich wurde erwachsen in der Annahme, dass mich das Fehlen einer persönlichen Beziehung zu meinem Vater wenig beeinflusst hat – das heißt, bis mir mein Traum das Gegenteil bewies. Ich begriff, dass meine „unwichtige" Beziehung zu meinem Vater keineswegs unwichtig war. Etwa zu jener Zeit lernte ich dann den bekannten deutschstämmigen Psychoanalytiker Dr. Daniel Trobisch kennen, der mit seiner „Junges Leben"-Organisation unter österreichischen Jugendlichen Dienst tut. Dr. Trobisch berichtete mir von seinen ausführlichen Studien darüber, welch großen Einfluss die Beziehung einer Frau zu ihrem Vater auf ihre Beziehung zu Gott hat. Wie Trobisch entdeckte, bildet die Lebenseinstellung und das Verhalten des Vaters zum großen Teil die Grundlage dafür, ob die Frau ein starkes oder schwaches Vertrauensverhältnis zu Gott, eine gesunde frauliche Identität und genügend Selbstbewusstsein entwickelt.

Die Kombination aus meinen eigenen Fragen und diesen Forschungsergebnissen einer fachlichen Autorität resultierten in einer dreijährigen „Expedition" in die Geheimnisse der Vater-Tochter-Beziehung. Ich fand heraus, dass Studien von Verhaltensforschern belegen, dass sich Mädchen abhängig vom Verhalten ihrer Väter ihnen gegenüber ganz unterschiedlich entwickeln.

Der Bostoner Psychologe William Appleton drückt es so aus: „Wenn eine Frau ihre Entwicklung im Hinblick auf die Rolle ihres Vaters begreift ... hat sie all die Informationen, die sie braucht, um in allen Lebenslagen Hilfe zu finden."[1]

Suzanne Fields schreibt dazu in ihrem Buch „Like Father, Like Daughter": „Der Vater prägt die Identität einer Frau für immer – wie sie sich selbst, ihre Arbeit, ihre Liebesbeziehungen versteht, sowie ihre Auffassung vom Unterschied zwischen den Geschlechtern ... Die wichtigen Aspekte der psychologischen Entwicklung werden vom ersten Mann im Leben einer Frau sehr stark beeinflusst."[2]

Bill Ewing, Direktor der „Black Hills Christian Life Ministries" in Rapid City, South Dakota, sagte mir: „Ich habe noch nie eine Frau betreut, deren Probleme nicht in irgendeiner Weise auf mangelnde Zuwendung und Fürsorge seitens ihres Vaters zurückgingen."

Dr. Trobisch kam in einer Studie mit deutschen Frauen zu dem Schluss, dass nur fünfzehn Prozent der interviewten Frauen in den Genuss von effektiver väterlicher Fürsorge kamen. Wenn man die Studie auch auf amerikanische Frauen anwenden kann – und meine Nachforschungen zeigen mir, dass das der Fall ist, dann verspüren acht von zehn Frauen die eine oder andere Art von „Vater-Hunger".

Der Grund, warum eine Frau das Bedürfnis – oder die Fähigkeit – hat, von ihrem Vater innere Stärke zu beziehen, ist nicht schwer zu verstehen. Gott schuf die Beziehung einer Frau zu ihrem Vater als Sprungbrett für die Frau, damit sie mit sich selbst, mit Männern und mit ihrem himmlischen Vater Frieden schließen kann. Die Psychologie untermauert dies. Appleton sagt: „Je mehr eine Frau den Einfluss ihres Vaters erkennt und dieses Wissen für sich nutzt, desto besser wird sie in der Lage sein, das Zusammenleben mit ihrem Ehemann auf sexueller, emotionaler und intellektueller Ebene zu genießen, desto freimütiger wird sie ihren Karrierezielen nachgehen, eine desto bessere Mutter wird sie ihren Kindern sein und desto reicher wird ihr Leben werden."[3]

Natürlich ist unser Vater nicht der einzige Faktor, der unsere Identität als Frauen bestimmt; auch unsere Mütter spielen eine große Rolle. Meine Mutter beispielsweise spielte die Rolle der Vermittlerin und beschützte uns vor einem – wie sie dachte – manchmal zu strengen Vater.

Und noch andere Faktoren beeinflussen uns. Die übrigen Familienmitglieder, Lehrer, Trainer und viele andere Menschen prägten jeden Einzelnen von uns. Ich war das fünfte von sechs Kindern und stand im Schatten von vier älteren Brüdern, von denen mir jeder so laut, selbstsicher, dynamisch und unnahbar wie mein Vater erschien.

Doch nicht nur die familiäre Umgebung, in der wir aufwuchsen, hat uns geformt; auch wir selbst spielten eine Rolle dabei, wie sich unsere vielfältigen Beziehungen entwickelten. Kinder sind schließlich keine passiven Tonklumpen, die von den Menschen und Ereignissen um sie herum widerstandslos geformt werden. Durch unsere Reaktionen auf die Menschen in unserem Leben trugen auch wir zu unserer späteren Entwicklung bei.

Obwohl unsere Väter nicht die einzigen entwicklungsbestimmenden Faktoren in unserem Leben sind, ist ihr Einfluss vielleicht der am meisten vernachlässigte. Und weil dieser so überaus wichtigen Beziehung in der Vergangenheit nicht die Aufmerksamkeit geschenkt wurde, die ihr zusteht, ist es möglich, dass Frauen eine wichtige Ressource für ihren Reifeprozess einfach übersehen.

In den fünf Jahren seit *dem Traum* habe ich einige befreiende Entdeckungen gemacht:

1. Mein Vater ist entscheidend dafür verantwortlich, dass ich zu der Frau wurde, die ich bin – in meinen Beziehungen zu anderen Männern, anderen Frauen, zu mir selbst und zu Gott.
2. Diesen Einfluss zu verstehen und zu akzeptieren, hat mir sowohl Freude als auch Schmerzen bereitet.
3. Die ehrliche Betrachtung der Auswirkungen dieser Beziehung hat mich befreit und meinen Glauben und mein Selbstvertrauen wachsen lassen. Jesus sagte: „Die Wahrheit wird euch frei machen" (Johannes 8,32). Jetzt erkenne ich in mir das Potenzial für eine tiefere Gottesbeziehung, für ausgeglichenere Beziehungen zu anderen Männern und Frauen und für ein größeres Selbstwertgefühl.

Es ist meine Überzeugung, dass das, was ich erlebt habe und erlebe, jede Frau erfahren kann, die sich auf die Reise zu dem Vater ihrer Kind-heit macht.

Wo beginnt unsere Reise?

Alles beginnt natürlich damit, sich die Zeit für eine ehrliche Rückschau auf den eigenen Vater und seine Effektivität als solcher zu nehmen. Aber was ist mit „effektiver Vaterschaft" überhaupt gemeint? Ist es allein das „Brotverdienen", wie wir vor zwanzig Jahren dachten? Oder muss sie das Windelnwechseln, das Wachen am Bett des kranken Kindes, das Sich-Kümmern um Probleme in der Schule und den ersten Liebeskummer mit einschließen?

Ich glaube, dass es eine einfache und klare Methode gibt, Vaterschaft zu beurteilen, weil uns die Bibel sagt, dass alle irdische und himmlische Vaterschaft ihren Ursprung in Gott hat. „Deshalb beuge ich meine Knie vor dem Vater, von dem jede Vaterschaft in den Himmeln und auf Erden benannt wird" (Epheser 3,14-15). Gottes Anweisungen an die Väter zeigen uns, was effektive Vaterschaft ausmacht. Die Aspekte effektiver Vaterschaft finden wir in der gesamten Schrift, und in einem Vers werden sie besonders gut zusammengefasst: „Ihr Väter, reizt eure Kinder nicht zum Zorn, sondern zieht sie auf in der Zucht und Ermahnung des Herrn!" (Epheser 6,4).

Diese Anweisung enthält vier Aspekte, wie ein Vater das Leben seiner Tochter beeinflussen soll.

Erstens soll er sie *aufziehen*, das heißt, er soll eine aktive Rolle in ihrem Leben spielen.

Zweitens ist von *Zucht* oder *Respekt* die Rede. Respekt der Tochter gegenüber bedeutet *Wärme*, die in aufbauenden Worten und respektvollen Berührungen zum Ausdruck kommt.

Drittens soll er sie *ermahnen*, und das bedeutet, für gute Unterweisung und die nötige *Korrektur* bzw. *Zurechtweisung* zu sorgen.

Und letztlich soll ein Vater seine Tochter in Gottes Hände geben. Sie ist nicht für immer sein Besitz, sondern er soll sie *loslassen*, damit sie ihr eigenes Leben unter der Vaterschaft Gottes beginnen kann.

Engagement heißt, für die Tochter da zu sein. *Wärme* und *Zurechtweisung* bedeuten, auf die richtige Art und Weise für sie da zu sein. Und ein Vater soll seine Tochter *loslassen*, wenn die Zeit dafür gekommen ist. Wenn ein Vater diese Komponenten nach Gottes Vorstellungen in seine Erziehung einfließen lässt, schafft er eine Umgebung, in der seine Tochter sich zu einer ganzheitlichen Persönlichkeit und zum Herrn hin entwickeln kann. Wenn Vaterschaft allerdings auf die „schiefe Bahn" gerät, kann das bedrückende Auswirkungen im Leben der Tochter haben.

Für mich beginnt die Reise zum Vater unserer Kindheit damit, die vier größten Arten von „Hunger" zu erkennen, die Gott in jeden von uns hineingelegt hat: den Hunger nach einem engagierten Vater, den Hunger nach Wärme, den Hunger nach Zurechtweisung und das Bedürfnis danach, losgelassen zu werden. Unsere Reise macht es nötig, einen Blick zurück zu tun und den Vater unserer Kindheit ehrlich einzuschätzen. Die Reise bedeutet, den eigenen Vater ohne Schönfärberei zu betrachten und sich damit abzufinden, wer er war und wer er nicht war. Für manche unter uns kann das bedeuten, das, was wir nie hatten, zu betrauern. Nur dann werden wir ans Ziel unserer Reise gelangen – frei zu sein von dem Hunger, der uns in ungesunde, unreife Lebensgewohnheiten getrieben hat. Dann sind wir auch dazu bereit und fähig, uns dem einen perfekten Vater zu nähern und uns von ihm, der immer da ist, umarmen zu lassen.[4]

[1]   William Appleton: *Fathers and Daughters*. New York:
      Doubleday, 1981, S.xii.
[2]   Suzanne Fields: *Like Father, Like Daughter: How Father
      Shapes the Woman His Daughter Becomes*. Boston: Little,
      Brown and Company, 1983, S.29–30.
[3]   Appleton, S.1.
[4]   Die Namen und identifizierenden Details der Frauen, über die
      in diesem Buch berichtet wird, sind fiktiv, um die Privatsphäre
      derer zu schützen, die mir ihre Erlebnisse anvertraut haben

2. Der Hunger nach einem engagierten Vater

Eines der Lieder des Sänger-/Liedermacherehepaares Steve und Annie Chapman, deren Musik hauptsächlich von Heim und Familie handelt, trägt den Titel „Ihres Vaters Liebe". In dem tief bewegenden Lied heißt es unter anderem: „Da gibt es einen Platz in ihrem Herzen, der nur mit Daddys Liebe gefüllt werden kann." Und: „Wenn dein kleines Mädchen ohne Daddys Liebe aufwächst, kann es sein, dass es sich leer fühlt ..."

Diese Worte wecken einen Hunger. Aber wonach genau hungern Töchter? Ich glaube, dass es die vier Aspekte von Vaterschaft sind, die wir gerade in der Schrift entdeckt haben: Engagement, Wärme, Zurechtweisung und Loslassen. Wie Väter diese vier Komponenten bei ihrer kleinen Tochter umsetzen – oder auch nicht –, wird die erwachsene Frau prägen.

Engagement: „Bitte sei für mich da!"

Als die Israeliten sich bereit machten, das Gelobte Land in Besitz zu nehmen, sagte Gott zu ihnen:

> *Und diese Worte, die ich dir heute gebiete, sollen in deinem Herzen sein. Und du sollst sie deinen Kindern einschärfen, und du sollst davon reden, wenn du in deinem Hause sitzt und wenn du auf dem Weg gehst, wenn du dich hinlegst und wenn du aufstehst (5. Mose 6,6-7).*

Der Vater, der diese Anweisungen erfüllte, musste ein engagierter Elternteil sein. Kein physisch oder geistig abwesender Vater kann seine Kinder unterweisen, wenn sie sich zu Hause entspannen, gemeinsam spazieren gehen, er sie ins Bett bringt oder sie gemeinsam am Frühstückstisch sitzen.

Wie engagiert war dein Vater?

Dein Vater wurde vielleicht durch Tod oder Scheidung von dir genommen und spielte deshalb in deinem Leben überhaupt keine aktive Rolle. Oder dein Vater war zwar vielleicht jeden Tag da, aber eine emotionale Bindung zwischen dir und ihm bestand eigentlich nicht. Obwohl er präsent war, war er doch nicht „da". Diese Erfahrung machte Darlene.

Sie berichtet: „Sein ganzes Leben lang war mein Vater von acht Uhr morgens bis fünf Uhr abends auf seiner Arbeitsstelle. Wenn er nicht arbeiten war, war er zu Hause. Wir lebten auf einer Farm und mein Vater bestellte das Land, um uns ein zweites Einkommen zu verschaffen. Außer wenn er zum Arbeiten in die Stadt fuhr, war er also immer daheim."

Dennoch zögert Darlene, als sie die elterlichen Qualitäten ihres Vaters beschreiben soll. „Ich kann dir nicht sagen, ob mich mein Vater barsch oder liebevoll behandelt hat, weil er fast alles, was mich betraf, meiner Mutter überließ. Die Wahrheit ist, dass, obwohl wir im selben Haus lebten, er kaum etwas mit mir zu schaffen hatte."

Dr. Roland Fleck und seine Kollegen von der Rosemad School of Psychology führten eine Studie unter 160 Studentinnen durch, deren Väter zu Hause lebten, bis die Mädchen mindestens dreizehn Jahre alt waren. Die Wissenschaftler bewerteten die Qualität der Vater-Tochter-Beziehung und dann die Fähigkeit jeder einzelnen Frau, sich im Leben zurechtzufinden.[1]

Die Wissenschaftler fanden heraus, dass Mädchen mit „psychologisch abwesenden" Vätern dieselben Schwierigkeiten im Leben und mit Männern hatten wie die Mädchen, deren Väter tatsächlich nach einer Scheidung aus ihrem Leben verschwanden. Dass der Vater einfach nur zu Hause wohnt, reicht nicht aus, um die gesunde Entwicklung der Tochter zu gewährleisten. Was zählt, ist seine emotionale Bindung zu ihr.

Was ist mit Engagement gemeint? Wie bildet es die Grundlage der Vater-Tochter-Beziehung? Im Grunde bedeutet Engagement Kommunikation. Wenn ein Vater im Leben der Tochter nicht präsent ist, kann auch keine Kommunikation stattfinden. Dann ist auch das Vermitteln von Wärme und positiver Zurechtweisung unmöglich. Letztendlich kann ein solcher Vater seine Tochter auch nicht loslassen, da er ja sowieso nie eine Beziehung zu ihr und ihren Bedürfnissen hatte. Sie geht vielleicht wegen eines Jobs, der Uni oder eines Mannes aus dem Haus, aber tief drinnen bleibt sie das kleine, vernachlässigte Mädchen. Ihr Leben lang wird sie auf der Suche nach einer starken Persönlichkeit sein, die die Leere in ihr ausfüllt und ihr die Bestätigung gibt, die wir alle brauchen, um mit den Schwierigkeiten und Unsicherheiten der Welt der Erwachsenen zurechtzukommen.

Und nicht nur ihre Seele wird unter der „Vaterlosigkeit" zu leiden haben, auch ihre Beziehungen zu Männern werden davon betroffen sein – ihr Verlangen nach und ihre Scheu vor ihnen, ihre Werturteile und Erwartungen. Sie wird ständig, wenn auch nicht immer bewusst, auf der Suche nach etwas sein. Aber wonach genau?

Distanzierte Väter – suchende Töchter

E. Mavis Hetherington, Wissenschaftlerin an der University of Virginia, machte es sich zur Aufgabe, herauszufinden, wie die Lebensentwicklung von Töchtern beeinflusst wird, wenn ihre Väter nicht präsent sind. In ihrer Beispielstudie verglich sie Mädchen, die ihren Vater durch Tod oder Scheidung verloren hatten, mit Mädchen, deren Väter noch da waren. Auch wenn es sich in ihrem Leben verschieden ausdrückte, zeichneten sich Scheidungskinder und Halbwaisen allgemein durch ein Gefühl von Unvollkommenheit und Sehnsucht aus, das sie in ihren Beziehungen zu Männern, sich selbst und ihrer Arbeit prägte. Obwohl die Studie mit Teenagern durchgeführt wurde, finden sich auch viele erwachsene Frauen in ihr wieder. Vielleicht verläuft unsere Suche nach dem Fehlenden weniger auffällig und dramatisch, doch die Muster sind essentiell dieselben.

Wonach sucht eine Frau mit einem unnahbaren Vater?

Sie sucht erstens oft nach einer tiefen und befriedigenden Beziehung zu dem Mann oder den Männern in ihrem Leben. Idealerweise sollte ein Vater seiner kleinen Tochter einen warmen, geborgenen Platz bieten, wo sie lernen kann, einen Mann zu lieben und von ihm geliebt zu werden – ohne alle die komplexen erotischen Impulse, die ihren Beziehungen zum anderen Geschlecht später das Prickeln verleihen werden. Er schafft seinem kleinen Mädchen das, was ein Wissenschaftler eine „Oase" nennt. Dort wird sie von einem wundervollen Mann verehrt – einfach nur dafür, dass sie existiert. In der Sicherheit dieser Oase kann sie von einem Mann etwas lernen, Konflikte mit ihm austragen und auf kindliche Weise ihren Charme entwickeln, der später beim Flirt mit dem Mann ihrer Träume zum Einsatz kommt.

Was aber, wenn es keine sichere „Oase" gab? Was, wenn der Vater mehr einer „Vater Morgana" glich – nur scheinbar da? Dann ist es wahrscheinlich, dass es der Tochter schwerer fallen wird, Vertrauen in die Liebe und Sicherheit zu entwickeln, die ein Mann ihr schenken will. Es kann sein, dass sie mit der namenlosen, verschwommenen Angst lebt, dass eines Tages alles zusammenbrechen wird – dass der Mann, der ihr am Herzen liegt, sein Interesse an ihr verliert, sie nicht länger versorgt oder einfach nur nicht da ist, wenn sie ihn am nötigsten braucht. Genau wie Vater.

Da den vaterlosen Frauen in ihrer Kindheit der tägliche Austausch mit einem Mann fehlte, sind sie später oft weniger in der Lage, einen realen Mann in ihrem Leben zu lieben, Kämpfe mit ihm auszutragen und mit ihm zu wachsen. Unterbewusst suchen sie vielleicht nicht nach einem Lebenspartner, sondern nach einem Mann, der einem kleinen Mädchen ein Vater sein wird. Über die normalen Pflichten eines Ehemanns hinaus muss der Mann, nach dem sie suchen, sie auch so beschützen, umsorgen und mit Aufmerksamkeit überschütten, wie es nur ein Fantasie-Vater könnte. Der Ort, wo diese „Du-musst-mein-Vater-sein"-Verwirrung die größten Probleme nach sich ziehen kann, ist das Schlafzimmer.

Es kann sogar passieren, dass sich diese Töchter mit weniger zufrieden geben, als sie eigentlich nötig hätten. Ohne das Beispiel eines engagierten Vaters vor Augen kann ein Mädchen anfälliger für stupide Verallgemeinerungen sein: „Männer sind schlecht", oder: „Ein Mann ist nie da, wenn man ihn braucht!". Sie erwartet kein besseres Verhalten von den Männern, denen sie begegnet, als das, was sie von ihrem Vater her kennt. So bindet sie sich vielleicht zu schnell an einen ihrer unwürdigen Mann, einfach weil sie nicht glaubt, dass sich etwas Besseres finden ließe.

Andere Frauen wiederum gehen völlig anders an die ganze Sache heran. So manche überträgt ihre „Vater-war-so-perfekt"-Einstellung auf alle Männer. Also glaubt sie, dass ihr alle Männer haushoch überlegen sind. Sie denkt, ihnen immer nachgeben zu müssen, und wird sich in ihrer Gegenwart unterlegen und minderwertig fühlen. Diese Sorte Frau ist die Traumpartnerin für einen extrem unsicheren Mann, der von seiner Frau eher Anbetung als Liebe erwartet. Auch wenn sie in der frühen Phase ihres Zusammenlebens vielleicht nur wenige Konflikte austragen, bringen Zeit und wachsende Lebenserfahrung die „minderwertige" Frau in der Regel dazu, ihre rosafarbene Brille abzusetzen. Sie entdeckt, dass Superman nicht immer super ist, und Konflikte brechen auf.

Zweitens kann die Tochter eines „abwesenden" Vaters darunter leiden, dass sie praktisch ständig auf der Suche nach einer sinnvollen Lebensbeschäftigung ist. Möglicherweise fehlt ihr ein Lebensplan, der ihr Orientierung gibt.

Dr.Hetherington fand heraus, dass die Töchter von Witwen oder geschiedenen Frauen eine größere Abhängigkeit von Frauen zeigten, d.h.dass sie bei der Bewältigung von Aufgaben Frauen häufiger um Rat fragten als Mädchen, die mit ihren Vätern aufwuchsen.

Diese – vielleicht auch durch Misstrauen Männern gegenüber geschürte – Abhängigkeit kann die vaterlosen Töchter in eine ausschließlich weibliche Arbeitswelt führen. Es kann sein, dass eine Frau im Sekretärinnenteam unter Frau X hervorragend arbeitet, aber eine Beförderung zur Assistentin von Herrn Y in ihr Frustration und Angstgefühle auslöst. Solange die Mädchen in Dr.Hetheringtons Studie von Frauen interviewt wurden, schienen alle drei Gruppen – Töchter mit Vätern, Scheidungskinder und Halbwaisen – gleich gelöst und

kooperativ. Wurden die Fragen aber von einem Mann gestellt, zeig-
ten die beiden Gruppen vaterloser Töchter Anzeichen erheblicher
Anspannung wie Kauen auf den Nägeln, nervöses Händekneten oder
Zupfen an der Kleidung.

Wenn man diese Anspannung auf die Arbeitswelt überträgt, ist
es nicht verwunderlich, dass sich vaterlose Frauen unter männlichen
Vorgesetzten oft „nicht wohl fühlen".

Am anderen Ende der Skala stehen vaterlose Töchter, die zu
absoluten Karrierefrauen werden – ein Lebensstil, der ein Gefühl von
Pseudo-Unabhängigkeit erzeugt. Ihr Motto ist: „Ich werde euch be-
weisen, dass ich es mit euch aufnehmen kann – ohne fremde Hilfe!"
Solch eine Frau arbeitet härter, besser und länger, um ihre Ziele zu
erreichen. Statt eine Quelle von Erfüllung zu sein, wird die Arbeit
zum Wettkampf, den man gewinnen oder verlieren kann. Diese Frau
fürchtet die Abhängigkeit, und beruflicher Erfolg – egal um welchen
Preis – wird zur Garantie für Unabhängigkeit. Diese Pseudo-Unabhängigkeit kann dazu dienen, die Angst vor menschlicher Nähe zu
kaschieren. Kleine Kinder, die sich vor Nähe fürchten, können vor-
schnell erwachsen oder zu hyperaktiven Außenseitern werden. Beides sind Abwehrmechanismen. Andere Menschen sollen davon abge-
halten werden, einen Blick in ihr Innerstes zu werfen. Auch
Erwachsene können sich solcher Mechanismen bedienen. Wenn eine
Frau niemals wieder einen Mann braucht, kann sie auch nie wieder
verlassen werden.

Natürlich schuftet nicht jede erfolgreiche Geschäftsfrau nur
deswegen, weil sie die Männer übertrumpfen will. Genauso wenig ist
jede Hausfrau eine verwundete Tochter, die sich in ihrem zweige-
schossigen Puppenhaus versteckt und verzweifelt versucht, ein kleines Mädchen zu bleiben. Wenn aber die Lebensentscheidungen einer
Frau sie nicht befriedigen und sie nicht die Freiheit verspürt, sie zu
ändern, kann es sich für sie lohnen, einmal ehrlich zu fragen, wie sie
eigentlich dahin gekommen ist, wo sie sich jetzt befindet.

Drittens kann eine vaterlose Tochter echte Schwierigkeiten haben, sich von ihrer Mutter angemessen zu lösen.

Als Dr. Hetherington die Mütter der vaterlosen Töchter befragte, gaben sowohl die geschiedenen Frauen als auch die Witwen zu,
ihre Töchter zu sehr zu behüten. Vielleicht ringen vaterlose Töchter

mit ihren Müttern stärker um ihre Unabhängigkeit, weil es für sie viel schwerer ist, diese wirklich zu erlangen.

Manchmal lehnen sich vaterlose Töchter gegen ihre Mütter auf, weil sie von ihr so viel abhängiger sind als Mädchen, die auch einen Vater haben. Diese Abhängigkeit macht sie bitter. Die Tochter kann es nicht riskieren, die Liebe ihrer Mutter zu verlieren. Jetzt, ohne die Liebe des Vaters, hieße das, alle Hoffnung auf elterliche Zuwendung aufzugeben. Dieses Gefühl, keine Wahl zu haben, kann in der Tochter eine starke Abneigung gegen die Mutter auslösen. Zu dem Zeitpunkt in ihrem Leben, wo es so überlebenswichtig ist, sich zu lösen, darf sie nicht zu viel riskieren – denn wenn sie die Mutter verliert, hat sie alles verloren.

Noch ein Faktor kann im Konflikt zwischen Mutter und vaterloser Tochter eine Rolle spielen. Die Tochter ist vielleicht wütend auf den Vater, weil er nicht da ist, und diese Wut überträgt sie dann auf die einzig anwesende Person – die Mutter.

Ihr Arzt riet Jo Ann, sich auf ein solches Verhalten ihrer Tochter einzustellen, nachdem Jo Anns Ehemann sie wegen einer jüngeren Frau verlassen hatte. Zum damaligen Zeitpunkt schien diese Warnung eher fehl am Platze, war Jo Ann doch eine Mutter wie aus dem Bilderbuch. In all den unsteten Jahren, in denen ihr Mann versuchte, die Karriereleiter zu erklimmen, hatte Jo Ann den Kindern Halt, Sicherheit und Nestwärme vermittelt. Ihre Töchter hatten ganz sicher keinen Grund, auf ihre Mutter böse zu sein.

Eines Tages jedoch explodierte ihre Tochter: „Wenn du ihn besser behandelt hättest, wäre er nicht gegangen!"

Natürlich hatten die hässlichen Beschuldigungen und die Rebellion wenig mit Jo Anns Defiziten als Mutter zu tun. Ihre Tochter schäumte vor Wut über die Desertation ihres Vaters, aber auf ihn wütend zu sein, hätte bedeutet, selbst die wenigen Wochenenden zu riskieren, die sie mit ihm verbringen konnte. Also wählte sie für ihren Zorn das einzig „sichere" Ziel – ihre liebende, verständnisvolle Mutter.

Wie viele Frauen tragen Zorn auf ihre Mütter mit sich herum? Wie viel davon ist in Wirklichkeit deplatzierte Wut auf einen Vater, der nie da war, wenn sie ihn brauchten?

Das frauliche Verlangen nach dem Vater als Teil unseres Lebens ist nicht leicht zu durchschauen. War er in unserer Entwicklung nicht präsent, zahlen wir den Preis dafür vielleicht unser ganzes Leben lang – auf hundert Arten und Weisen. Und doch gibt es eine gewaltige Hoffnung auf Freiheit und Reife, wie wir in späteren Kapiteln noch entdecken werden. Wir müssen nicht in dem falschen Glauben leben, dass sich Gott – wie vielleicht ein irdischer Vater – nicht um uns kümmert, uns nicht beschützt, uns nicht leitet. Auch wenn Männer (oder Frauen) uns verlassen, Gott lässt uns nicht im Stich!

Der ungestillte Hunger nach einem engagierten Vater kann zu Schwierigkeiten führen. Der Hunger nach Wärme ebenso, wie wir im nächsten Kapitel sehen werden.

---

[1] Getestet wurden sexuelle Aktivität, Anfälligkeit für Angstzuständeund frauliche Identität. Vgl. hierzu: J. Roland Fleck et al.: „Father Psychological Absence and Heterosexual Behavior, Personal Adjustment and Sex-Typing in Adolescent Girls" in: *Adolescence*, Band XV, Nr. 60, Winter 1980, S. 847–859.

3. Der Hunger nach Wärme

Seit ihrer Geburt trug Kristys Vater die Verantwortung für das Wohlergehen seiner beiden Töchter. Als die Mädchen in der Grundschule waren, war er es, der sie morgens aus dem Bett holte und zur Schule brachte. Zu Besprechungen mit der Lehrerin wurde er gerufen, nicht die Mutter der beiden. Er entschied über Fahrten ins Ferienlager und wachte darüber, dass die Mädchen ihre Zimmer sauberhielten. Ganz sicher ein engagierter Vater.

Aber sein Engagement äußerte sich nur in seiner strengen Zügelführung. Die Regeln waren klar – und zahlreich. Drohungen gab es oft, und die Strafe folgte auf dem Fuße. Ein Zeugnis, das nicht aus lauter Einsern bestand, war Grund genug für einen Monat Ausgangssperre – und das, als Kristy in der dritten Klasse war!

Als Kristy älter wurde, hatte sie mit einem Aspekt des Wesens Gottes die größten Schwierigkeiten: mit Seiner Barmherzigkeit. Sie hörte die Prediger über Gottes Liebe zu Seinen Kindern reden und las Bibelstellen wie Hosea 11, Verse 1 und 4: „Als Israel jung war, gewann ich es lieb … Mit menschlichen Tauen zog ich sie, mit Seilen der Liebe." Doch für Kristy blieben all diese Worte leer; sie hatten für sie keinen Bezug zur Realität. Kristys Erfahrungen deuten auf ein zweites töchterliches Bedürfnis hin: den Hunger nach Wärme.

„Ich akzeptiere dich."

Durch seine liebevolle Zuwendung sagt ein Vater seiner Tochter: „Ich akzeptiere dich. Ich mag, wer du bist."

Wärme ist *Liebe*. Ein liebender Vater teilt seine Zuneigung durch nicht-sexuelle Berührungen mit: Kuscheln auf Papas Schoß, eine Umarmung, ein Schulterklopfen, ein warmer Händedruck.

Wärme ist *Lob und Bewunderung*. Ein weiser Vater bewundert seine Tochter für ihre Weiblichkeit und lobt sie für ihre Erfolge. Mädchen, die Bestätigung nur deshalb erhalten, weil sie süß und niedlich sind, können zu Püppchen heranwachsen, zu schwach, um in einer Welt zu bestehen, in der Niedlichkeit nicht die Stromrechnung bezahlt. Und Mädchen, die nur wegen ihren Erfolgen gelobt wurden, können Schwierigkeiten damit haben, ein tief verwurzeltes Bewusstsein ihrer Feminität zu entwickeln.

Wärme ist *Akzeptanz*. Konkret bedeutet das einen Vater, der seine Tochter wissen lässt: „Du bist anders als ich. Nicht nur hast du einen anderen Charakter als ich, sondern du bist ein Mädchen. Und weil du anders bist, kann ich viel von dir lernen. Du musst nicht genauso sein wie ich, damit ich dich mag."

Was geschieht mit der Tochter eines Vaters, der nicht zufriedengestellt werden kann? Sie wird von einem Hunger nach Anerkennung, Wärme und Akzeptanz getrieben werden. Ein Mädchen, das ohne väterliche Wärme aufwächst, wird danach streben, sich vor Zurückweisung zu schützen. Wenn eine Frau mit einer solchen Hypothek ihr selbständiges Leben beginnen muss, wird das seinen Tribut fordern – in ihren Beziehungen, ihren Leistungen und ihrer sexuellen Identität.

Die rastlose Tochter und ihre Beziehungen

Wäre es nicht eine berechtigte Annahme, dass die Tochter eines Vaters, der kaum Wärme vermittelte, sich zu einem Mann hingezogen fühlen wird, der all die Qualitäten besitzt, die sie so lange vermisst hat? Leuchtet es nicht ein, dass sie jemanden heiraten wird, der warmherzig und zärtlich, liebevoll und ermutigend ist?

Vielleicht ist das logisch, aber der Realität entspricht es oft nicht. Statistiken zeigen, dass beispielsweise Mädchen mit alkoholkranken Vätern sehr oft selbst Alkoholiker heiraten und sich so wieder in die emotionale Wüste begeben, in der sie aufgewachsen sind.

Frauen, deren Väter nicht zufriedenzustellen waren, scheinen dazu verurteilt, dass genau diese Sorte Mann sie fasziniert. Warum?

Wenn sich eine Frau zu einem herrischen Mann hingezogen fühlt, liebt sie anfangs vielleicht seine Tatkraft, seine Entschlusskraft, seinen Ehrgeiz. Es stört sie wenig, dass es irgendwie immer ihre Pläne sind, die sie zugunsten von seinen ändern. Wenn die beiden einen Abend mit „tiefgründigen Gesprächen" verbracht haben, wischt sie die Tatsache beiseite, dass das Thema hauptsächlich seine Ansichten und Gefühle waren. Irgendwie merkt sie gar nicht, dass er sie wenig nach ihren Gedanken fragt, und wenn er es doch tut, reagiert sie so, als wären ihre Ansichten nicht wichtig. Vielleicht denkt sie oft: „Er ist sowieso klüger als ich."

Doch dann heiraten sie, einige Ehejahre gehen ins Land, und langsam beginnt sie, ihn anders zu beschreiben. Sie benutzt jetzt Ausdrücke wie „egoistisch", „möchte immer alles so machen, wie er es für richtig hält", „hört mir nicht zu", „unterstützt mich nicht bei meinen Vorhaben".

Dieser herrische Mann ist das Ebenbild ihres Vaters. Genauer gesagt ist das der Grund, warum sie ihn geheiratet hat, auch wenn ihr das vielleicht so nicht bewusst ist. Dafür, ihn zu erobern und bei sich zu halten, würde sie fast jeden Preis zahlen, denn er bietet ihr etwas ungeheuer Wertvolles. Er ist die Bühne, auf der sie die Ablehnung, die sie als Kind erfahren hat, von neuem inszenieren kann. Sie hofft, dass sie die Dinge verändern und die Wärme und Liebe dieses Mannes für sich gewinnen kann.

Ich kenne eine Frau, die sich nicht nur einen übermächtigen Mann, sondern auch übermächtige Freundinnen wählte. Die Frauen, die sie am meisten faszinierten, waren super-motiviert und überdurchschnittlich erfolgreich. Sie liebten es, zu hören, wie wundervoll sie doch seien, und waren auch gern dabei behilflich, so zu werden wie sie.

Andere Töchter „gefühlskalter" Väter fühlen sich zu Männern mit Problemen hingezogen. Warum? Weil der Tumult, den diese Männer verursachen, normal scheint. Folglich heiraten viele Töchter von Alkoholikern in genau dieses Problem wieder hinein. Glücklicherweise – oder unglücklicherweise – können Menschen in fast jeder Lebenslage überleben. Wenn eine Tochter von ihrem Vater ständig beiseite geschoben wurde, kann es sein, dass sie sich unbehaglich fühlt, wenn sie Akzeptanz spürt. Vielleicht fühlt sie sich unwürdig oder unter dem Druck, ihre Anstrengungen auf einem Niveau aufrechtzuerhalten, das der ihr entgegengebrachten Ak-zeptanz gerecht wird. Diese Frau kann sich in einer kalten, harschen Umgebung tatsächlich wohler fühlen als umgeben von Liebe und Stabilität.

Ihr problembeladener Mann kann auch ein passiver Mann sein. Frauen in solchen Beziehungen sagen oft: „Ich fühlte mich zu ihm hingezogen, weil ich wusste, dass er sich mit ein bisschen Hilfe von mir positiv verändern würde." Diese Frauen können besonders anfällig für verheiratete Männer sein, die sich bei ihnen beklagen, dass ihre Frauen sie nicht verstehen. Auch Männer ohne Erfolg im Beruf finden bei ihr ein offenes Ohr, wenn sie sich darüber beschweren, dass ihr Arbeitgeber ihnen nie eine Chance gab. Sie kann den passiven oder bedürftigen Mann kontrollieren, und das macht ihn für sie so attraktiv.

Möglicherweise tarnt sie diese „Kontrolle" – auch vor sich selbst – mit dem Begriff „Hilfe". Und während sie ihm hilft, seine beruflichen Ziele zu verwirklichen oder ein paar Kilo abzunehmen oder seine Gefühle auszudrücken, gibt sie das Ruder in der Beziehung nie aus der Hand. Sie behält die Kontrolle.

Wenn der Mann in einer solchen Beziehung aus dem ein oder anderen Grund gezwungen wird, sich wirklich zu ändern, passiert manchmal etwas Merkwürdiges. Auch wenn die Frau behauptet, ihn sich dynamischer, erfolgreicher oder hilfsbereiter zu wünschen, unterminiert sie doch oft unterschwellig seine diesbezüglichen Anstrengungen. Plötzlich ist sie es, die nicht mehr zufriedenzustellen ist. Es ist nicht ungewöhnlich, dass die Frau eines Alkoholikers ihren Mann verlässt, sobald dieser „trocken" geworden ist. Eine dieser Frauen sagte: „Es war für mich genauso schwer, meine Abhängigkeit von einer einseitigen Beziehung aufzugeben, wie für ihn, dem Alkohol abzuschwören."

In einer Frau, die von ihrem Vater nie Wärme vermittelt bekam, können emotional unausgeglichene Männer eine von zwei Reaktionen auslösen: sie langweilen sie oder sie jagen ihr Angst ein. Vielleicht beschreibt sie einen Mann so: „Na ja, ganz nett irgendwie, aber es knistert nicht. Er fasziniert mich einfach nicht." Er fasziniert sie vielleicht deshalb nicht, weil er kein Duplikat ihres Vaters ist. Er bietet ihr keine zweite Chance, den Vater (oder sein Ebenbild) für sich zu gewinnen. Der erste Mann in ihrem Leben war von ihr nicht angetan. Unterschwellig fühlt sie, dass sein Urteil über sie wohl richtig gewesen sein muss – sie ist hoffnungslos verdorben. Also kann jeder andere Mann, der sie akzeptiert, nicht viel wert sein. Er kann keinen guten Geschmack haben, sonst wüsste er doch sofort, dass sie inakzeptabel ist.

Ein Mann, der ihr Wärme und Akzeptanz bietet, hat von Anfang an keine guten Karten. Das „Knistern" in ihren Beziehungen kommt nämlich von dem Bemühen, das Unmögliche möglich zu machen. Mit einem emotional gesunden Mann springt dieser Funke nie über, weil er sie so akzeptiert, wie sie ist. Ein solcher Mann bietet ihr auch die Nähe, von der sie sagt, dass sie sich nach ihr sehnt, aber wenn sie sie dann bekommt, jagt sie ihr Angst ein. Mit Nähe und Intimität geht nämlich auch die Forderung nach Ehrlichkeit, Reife und wechselseitiger Abhängigkeit einher.

Melissa sagte: „Ich hatte nie begriffen, wie sehr mich die Kälte meines Vaters beeinflusst hat, bis ich in einer Frauenzeitschrift einen Test über das persönliche Liebesleben entdeckte. Eine der Fragen lautete: ‚Sind die Männer, zu denen du dich hingezogen fühlst, normalerweise auch von dir fasziniert?' Meine Antwort war ein Nein. Als ich darüber nachdachte, erkannte ich, dass das schon seit meiner Schulzeit so war. Ich hatte wohl Freunde und Verabredungen, aber nicht mit den Jungen, die ich wirklich erobern wollte. Jetzt, wo ich erkannt habe, wie sehr mich die Lieblosigkeit meines Vaters verletzt hat, sehe ich, dass diese Jungen mich magisch anzogen, weil sie mich nicht mochten. Ihr Desinteresse machte sie es wert, erobert zu werden. Generell mag ich es natürlich, wenn ein Mann mich anziehend findet. Doch jene unerreichbaren, nie zufriedenen Typen faszinierten mich noch lange, nachdem ich mein Interesse an den solideren, zuverlässigeren, mich akzeptierenden Jungen verloren hatte."

Der unzufriedene Vater bereitet seine Tochter auf ein Leben vor, in dem sie es mit Männern schwer haben wird. Sie wird es schwer haben, Zugang zu ihnen zu finden und mit dem Mann zufrieden und glücklich zu werden, den sie heiratet.

Die rastlose Tochter und ihre Leistungen

In den meisten Fällen streben diese Töchter bei allem, was sie tun, nach Perfektion. Der Psychologe Dr. John Musser, der eine Praxis in Kalifornien betreibt, berichtet, dass er mit einer beachtlichen Zahl solcher Frauen zu tun hat. „Tendenziell haben sie große Erfolge vorzuweisen", sagt er, „aber sie sind mit ihrer Leistung nie zufrieden, oft weil sie ihren Vätern nicht genügen konnten." Sie kommen innerlich einfach niemals ans Ziel. Deshalb kommen sie auch nicht zur Ruhe; es fällt ihnen schwer, sich wirklich zu entspannen.

Einige Perfektionistinnen tarnen sich gut. Hast du eine Freundin, auf deren Schreibtisch / in deren Küche stets ein riesiges Durcheinander herrscht? Obwohl sie vielleicht über die Vermutung lachen würde, kann sie eine „getarnte Perfektionistin" sein. Diese Menschen geben es nämlich auf, ihre eigenen unerreichbaren Ziele erreichen zu wollen. Anstatt ihre Ziele niedriger zu stecken, geben sie ganz auf. Das ist das Elend der frustrierten Perfektionistin. Für eine Perfektionistin ist das Leben entweder schwarz oder weiß. Grauzonen gibt es nicht. Niemals. Sie ist die Beste oder die Schlechteste, Siegerin oder Verliererin. Wenn ihr Haus nicht ständig wie geleckt aussehen kann, versucht sie erst gar nicht, es sauberzuhalten und steckt ihre Energie lieber in Projekte, bei denen mehr Aussicht auf totalen Erfolg besteht.

Ein nicht zufriedenzustellender Vater kann seine Tochter in den Perfektionswahn treiben. Und wenn ihre innere Stimme sie dann nie für Erfolge loben kann, wird sich ihr Selbstbewusstsein nur noch in eine Richtung entwickeln: nach unten.

Es gab eine Studie, bei der Studentinnen die Farbe benennen sollten, in der bestimmte Wörter geschrieben waren. Um den Test schwieriger zu gestalten, war jedes einzelne dieser Wörter eine Farbbezeichnung, die aber nie identisch mit der Farbe der verwendeten Tinte war. Jedes Mal, wenn eine Frau eine falsche Antwort gab, rief die den Test überwachende Psychologin laut „Falsch!", und die Testperson musste sich korrigieren. Dadurch wurden die Frauen einem gewissen Stressfaktor ausgesetzt. Bei diesem Test schnitten diejenigen Frauen am schlechtesten ab, deren Väter zwar hohe Ansprüche an sie gehabt, ihrer Liebe zu ihren Töchtern jedoch nie viel Ausdruck verliehen hatten.

Und noch etwas kann die Tochter eines Vaters, den sie nicht zufriedenstellen kann, belasten. Es kann sein, dass sie sich nie ihren Interessen und Fähigkeiten entsprechend entwickelt, weil sie Angst hat sich auszuprobieren.

Schon seit ihrer Schulzeit hatte sich Dana für die Naturwissenschaften interessiert, und ein Praktikum im Krankenhaus war für sie eines der schönsten Erlebnisse in ihrer Jugend. Als ihre eigenen Kinder dann alt genug waren und sich ihr die Chance bot, eine medizinische Ausbildung anzufangen, dachten alle ihre Bekannten, dass sich Dana diese Gelegenheit nicht entgehen lassen würde.

Doch schon nach einigen Monaten brach sie die Ausbildung ab. „Mein Mann ist schuld", erzählte sie allen, „er unterstützt mich nicht." Die Wahrheit war, dass er eines Abends bemerkt hatte, dass das Essen vor Danas Ausbildung besser gewesen sei. Dana jedoch hörte in dieser Bemerkung etwas, das er nie gemeint hatte: „Ich will nicht, dass du Krankenschwester wirst!" Zwei Wochen später brach sie die Ausbildung ab, weil sie seine Bemerkung als Ablehnung interpretiert hatte.

Ist Dana hypersensibel? Zu sehr von seiner Unterstützung abhängig? Vielleicht. Aber wenn man weiß, dass sie ihr Stiefvater bei keinem ihrer Vorhaben unterstützte, macht ihr Mangel an Selbstvertrauen Sinn. Heute, zehn Jahre nach ihrer abgebrochenen Ausbildung, hat Dana noch immer keinen Job gefunden, der zu ihr passt – und der Grund liegt hauptsächlich darin, dass sie Angst hat, etwas auszuprobieren und dann an sich selbst zu arbeiten.

Die rastlose Tochter und ihre Sexualität

Der Wissenschaftler Allen Gerson führte eine Studie mit Frauen durch, die häufig ihre Partner wechselten, und bat sie, den Charakter ihres Vaters zu beschreiben. Die befragten Frauen wählten Worte wie diese: energisch, unausstehlich, distanziert, angsteinflößend.

Ohne väterliche Zuwendung reift in einem Mädchen die Überzeugung, dass ihr Hunger nach liebevollen Berührungen nur in einem Kontext gestillt werden kann – dem sexuellen. Dieser Hunger nach nicht-sexueller Berührung, der von ihrem Vater nie gestillt wurde, nagt an vielen Frauen. Er kann sie in Ehen und sexuelle Abenteuer treiben, die sie eigentlich nie wirklich wollten.

Der Psychiater Dr. Marc Hollender führte Interviews mit fast 100 Frauen durch, die mindestens dreimal ungewollt schwanger wurden. Fast alle Frauen gaben zu Protokoll, dass sie von ihren Väter nie in liebevoller Absicht berührt wurden. Sie glaubten, dass sexuelle Aktivität der Preis sei, den sie für das zu zahlen hätten, was sie in Wahrheit wollten: gehalten und liebkost zu werden.

Diejenigen Frauen, die nicht den häufigen Partnerwechsel wählen, kann der Mangel an väterlicher Zuwendung in eine Art „geistiger Untreue" treiben. Sie flüchten sich in Fantasiebeziehungen, die in der Realität völlig inakzeptabel wären. In ihrem Standardwerk über Väter und Töchter schlussfolgert die Professorin für Psychiatrie Marjorie Leonard: „Wenn ein Vater bei der Erziehung seiner Tochter keine Rolle spielt, reagiert sie darauf, indem sie sich eine Fantasiebeziehung mit einem Abbild ihres Vaters schafft."[1] Bei erwachsenen Frauen können diese Fantasien die Form von imaginären romantischen Begegnungen annehmen, nicht mit dem Vater, aber mit Männern, die sie kennen und die dem Vater ähnlich sind.

Bis in ihrem Leben grundlegende Veränderungen stattfinden, wird die rastlose Tochter ihr Leben mit dem belastenden Vermächtnis eines Vaters leben, der ihr keine Wärme geben konnte. Sie sehnt sich nach Akzeptanz in ihren Beziehungen und trifft doch törichte Entscheidungen bei der Wahl der Menschen, denen sie nahe sein möchte. Sie strebt in ihrem Heim oder bei der Arbeit nach Perfektion, aber selbst ihre Erfolge sind für sie nicht gut genug. Sie sehnt sich nach wahrer Liebe und bleibt doch meist sexuell unbefriedigt. Doch: der Vater, dem wir in Kürze begegnen werden, ist einer, der uns nicht nur bedingungslos akzeptiert, sondern uns auch verändert, stärkt und bevollmächtigt. Er ist der Vater, der die Liebe *ist*.

---

[1]   Marjorie R. Leonard: „Fathers and Daughters" in: *International Journal of Psychoanalysis*, 1966, S. 329.

4. Der Hunger
nach Zurechtweisung

Eine junge Frau, die danach gefragte wurde, wie ihr Vater Zurechtweisung handhabe, sagte: „Das Erste, woran ich bei diesem Stichwort denke, ist die Begebenheit, als ich in einem Laden einige Stifte geklaut hatte. Mein Vater bestand darauf, dass ich zurückgehen und alles beichten sollte. Ich war damals neun und dachte, ich würde vor Scham sterben. Den ganzen Weg zum Laden und zurück weinte ich. Mein Vater hatte mich jedoch nicht nur einfach losgeschickt – er war mitgekommen. Hinterher nahm er mich auf den Schoß und sprach über Mut und Aufrichtigkeit. Ich erinnere mich nicht an alles, was er sagte, aber dass er stolz auf mich war, weil ich die Sache in Ordnung gebracht hatte – daran erinnere ich mich. Es ist schon merkwürdig", sagte sie, „dass ein negatives Erlebnis wie dieses unsere Beziehung so gestärkt und vertieft hat – bis heute".

Ihre Geschichte macht eines klar: Liebe und Korrektur gehören zusammen. Wärme ohne Leitung und Zurechtweisung ist keine wirkliche Liebe – im besten Fall wird das Kind verhätschelt, im schlechtesten ist es in der Unsicherheit eines Lebens ohne klare Richtlinien gefangen. Deshalb finden wir im Buch der Sprüche die Anweisung: „Züchtige deinen Sohn, so wird er dich erquicken und dir Freude machen" (Sprüche 29,17). Natürlich gilt das auch für Töchter.

Bitte lehre mich Selbstdisziplin

Der Psychologe John Musser untersuchte den Einfluss von väterlicher Zurechtweisung oder Leitung (er benutzte den Begriff „Kontrolle") auf das Leben von Töchtern, in diesem Fall Studentinnen. Er kam zu folgendem Schluss: Je mehr ein Vater seine Tochter anleitete – Zurechtweisung immer gekoppelt mit Akzeptanz und Liebe – desto höher war ihr Selbstwertgefühl, ihre Selbständigkeit, Entschlusskraft, Zufriedenheit und Selbstdisziplin.[1]

Zurechtweisung seitens des Vaters gibt der Tochter die Sicherheit von Grenzen – und noch mehr. Psychologe Henry Biller an die Väter: „Eure Art zu lieben – herausfordernder, kritischer als die Liebe der Mutter – ist für das Kind lebenswichtig. Ihr traut euch mit euren Kindern mehr (meine Hervorhebung), ihr helft ihnen, sich auszuprobieren und Talente voll einzusetzen."[2]

Die Führung, Anleitung und Zurechtweisung eines starken Vaters helfen der Tochter dabei, Zielstrebigkeit und Kühnheit zu entwickeln. Umgekehrt sind es gerade Kühnheit und Sich-Trauen, die Töchtern passiver Väter oft fehlen. Kein Wunder, dass Töchter passiver Väter oft zu ziellosen, undisziplinierten oder herrischen Frauen werden.

Manchmal ist es schwierig, den schwachen vom distanzierten Vater zu unterscheiden. Ein Unterschied zwischen den beiden ist jedoch augenfällig. Der schwache Vater war da, hatte aber in der Familie nur wenig zu sagen. Der offensichtlichste Hinweis auf einen zu schwachen Vater ist die Klage einer Frau darüber, dass ihre Mutter der Elternteil war, mit dem sie die größten Schwierigkeiten hatte. Eine dieser Töchter wurde gefragt, welche Botschaft sie ihrem Vater zukommen lassen würde, wenn sie könnte. „Das ist einfach", lächelte sie, „ich würde ihm sagen: ‚Danke, dass du nett zu mir warst, aber du hättest Mutter zum Psychiater schicken sollen.'"

Wenn wir die Rolle des Vaters als Familienoberhaupt und seinen Einfluss bei der Erziehung seiner Tochter diskutieren, reden wir nicht von einem allmächtigen Patriarchen, auf dessen Geheiß hin Frau und Kinder springen müssen. Es geht auch nicht darum, dass die Mutter im Leben der Tochter keine große Rolle spielen soll. Hier muss es definitiv eine Balance geben. Was diesen Punkt betrifft, gibt Henry Biller den Vätern einen weisen Rat:

„Ein Tauziehen um die Macht gibt es in der Familie nicht. Wenn du eine aktive Rolle im Leben deiner Kinder spielst, heißt das nicht, dass deine Frau an Einfluss verliert. Im Gegenteil: durch dein Engagement kann auch deine Frau eine effektivere Mutter sein. Es kann ihr nämlich die enorme Last nehmen, ihre Kinder so gut wie alleine großziehen zu müssen."[3]

Das Ideal einer Vater-Mutter-Kind-Beziehung ist nicht der Fantasie von ewig gestrigen Traditionalisten entsprungen. Die Psychologie bestätigt, was die Bibel immer schon gelehrt hat: dass Gott den irdischen Vater dazu bestimmt hat, den Charakter seines Kindes grundlegend und positiv zu beeinflussen.

Die Mutter-Kind-Beziehung beginnt neun Monate bevor das Kind das Licht der Welt erblickt. Es sind die Stimme und der Herzschlag der Mutter, die das Baby während dieser Zeit hört. Es ist der Lebensrhythmus der Mutter, der den Lebensrhythmus des Kindes bestimmt. Diese Mutter-Kind-Bindung ist etwas Wundervolles und auch nötig, damit sich das Kind gesund entwickeln kann. Aber damit das Kind zu einer reifen Persönlichkeit heranwachsen kann, müssen auch andere Menschen in die Mutter-Kind-Welt Einlass finden.

In den meisten Fällen ist es der Vater, der seine Tochter davor bewahrt, einzig und allein in Mutters Armen groß zu werden. Er ist der erste wichtige „Andere", der zum Mutter-Kind-Gefüge hinzutritt, und allein durch die Tatsache, dass er ein Mann ist, repräsentiert er eine völlig andere Welt. Papa ist größer, seine Stimme tiefer, sein Gesicht rauer, seine Zärtlichkeiten anders. Wenn sich schon im Säuglingsalter die Zweier- zur Dreierbeziehung öffnet, hat das kleine Mädchen gute Chancen, mit sicheren Schritten und offenen Augen ins Leben zu gehen. Ein Fachmann beschreibt diesen Prozess als das „Herauslösen des Kindes aus mütterlicher Abhängigkeit".

Wenn ein Vater jedoch in dieser Mutter-Tochter-Gemeinschaft keinen Platz findet – was z. B. der Fall sein kann, wenn er in der Erziehung nie eine Rolle spielt –, übernimmt die Mutter die Funktion beider Elternteile und ist damit hoffnungslos überfordert. Natürlich kommt die Aufgabe der Zurechtweisung nicht kategorisch nur einem Elternteil zu, aber zeigt der Vater keine Initiative, wenn es um die Leitung seiner Familie geht, wird seine Tochter dafür ihr ganzes Leben lang bezahlen.

Wenden wir uns deshalb einigen der möglichen Folgen zu.

Ein Faible für passive
oder herrische Männer

Wenn ein Vater seine Tochter weder vernünftig anleitet noch sie zurechtweist, kann die Folge sein, dass sie sich später zu passiven oder herrischen Männern hingezogen fühlt. Passive Männer kann sie leicht dominieren. Von einem herrischen Mann erhofft sie sich vielleicht, dass er sie von der Dominanz ihrer Mutter befreit.

Herrscherin über einen passiven Ehemann

Ann wählte einen passiven Mann. Sanftmütig, lieb, nett, formbar. Er verdient das Geld. Sie entscheidet darüber, wie es ausgegeben wird. Wenn sie mehr ausgibt, als er verdient, macht er Überstunden. Sie entscheidet darüber, wie er seine freie Zeit verbringt, welche Zeitschriften er abonniert, wer seine Bezugspersonen sind. Ihre Aktivitäten legt sie in seine freie Zeit, wohl wissend, dass er sich um die Kinder kümmern wird. Wochenlang verzichtet er auf Sex, weil sie nicht in der Stimmung dafür ist, und es ist allein ihre Laune, die zählt. Ann trifft die Entscheidungen bezüglich der Kinder und wacht darüber, wie er ihre Anweisungen umsetzt. Und doch – trotz all dieser Macht – ist Ann unglücklich. Oft kocht ihr Mann das Abendessen für die Familie, weil sie bei ihrem Psychiater ist.

„Opfer" eines herrischen Ehemanns

Adriane wählte einen herrischen Mann. „John war der erste Mensch, der meiner Mutter sagte, sie solle den Mund halten", sagt sie. „Ich fand das toll." Adriane brauchte seine Stärke, um die psychologische Nabelschnur zu durchtrennen, die sie an ihre dominante Mutter band.

Diese „Die-Hilflose-und-ihr-Retter"-Kombination sorgt für kurzfristiges Glück und langfristige Unzufriedenheit. Jetzt, fünf Jahre nach ihrer Hochzeit, beschwert sich Adriane, dass John ihr nie zuhört und seine Familie mit derselben unnachgiebigen Strenge führt, mit der er seine Kompanie in Vietnam leitete. Unglücklicherweise sind diejenigen, die Tyrannen besiegen, oft selbst Tyrannen. Deshalb werden Frauen wie Adriane, die einen Macho heiraten, um der mütterlichen Dominanz zu entfliehen, oft wieder „beherrscht".

Wie viel besser wäre Adriane jetzt dran, wenn ihr Vater ein echter Vater gewesen wäre, stark genug, seiner Familie mit Liebe und in Weisheit vorzustehen. Er wäre der Puffer zwischen Adriane und ihrer Mutter gewesen, der den beiden geholfen hätte, sich zu lieben und miteinander zu leben, anstatt täglich Machtkämpfe auszufechten. Adriane hätte dann in ihrer Ehe vielleicht eher nach wahrer Partnerschaft gesucht als nach der starken Vaterfigur, die Jon darstellte.

Frauen, die in einem Zuhause aufwuchsen, in dem der Vater eine Führungsposition innehatte, wehren sich öfter dagegen, „Opfer" eines herrischen Ehemanns zu werden. Sie suchen eher Hilfe und Beratung in einer für sie oder ihre Kinder unzumutbaren Situation. Das trifft für die erwachsenen Töchter passiver Väter weniger zu. Sie denken eher, dass ihre Beziehung „normal" ist, auch wenn andere ihnen etwas Gegenteiliges erzählen.

Ein passiver Vater beeinflusst aber noch mehr als nur die Partnerwahl seiner Tochter. Sein trauriges Vermächtnis kann auch in einem unausgenutzten Potenzial, unbegründeten Ängsten und nicht erwachter Weiblichkeit bestehen.

Ungenutztes Potenzial

Ein passiver Vater hinterlässt eine Tochter, die kein klares Bild davon hat, wie sie in die „große, weite Welt" vor ihrer Haustür hineinpasst. Sie weiß weder, wie die Welt funktioniert, noch, wie sie in ihr ihren Platz finden soll. Der Psychologe Daniel Trobisch nennt das eine „fehlende Orientierung in der Welt".

Genau das trifft auf Kara zu. Leise beklagt sie sich: „Ich wünschte, mein Vater hätte mir beim Erwachsenwerden geholfen. Es fällt mir so schwer, über das Unmittelbare hinaus zu denken, mir langfristige Ziele zu stecken, mein Leben einigermaßen objektiv zu betrachten. Dad hatte zu Hause nie etwas zu sagen. Ich glaube, dass das der Grund ist, warum mir eine männliche Sicht auf das Leben so fehlt. Ich wurde sozusagen von zwei Müttern verhätschelt."

In ihrer Studie über elterliche Dominanz fand Mavis Hetherington heraus, dass Mädchen aus einer väterlich geführten Familie nicht nur ihre Weiblichkeit bejahten und liebten, sondern auch Persönlichkeitsmerkmale sowohl von der Mutter als auch vom Vater aufwiesen – kurz, eine ausgeglichene Persönlichkeit hatten. Mädchen aus von der Mutter dominierten Familien waren meist nur ihrer Mutter ähnlich.

In unserer Zeit ist jedes Kind klar im Nachteil, das die Charaktereigenschaften von nur einem Elternteil zum Vorbild hat. Jungen, die von ihrer Mutter nie lernten, was beispielsweise Zärtlichkeit und liebevolle Zuwendung bedeuten, sind oft weniger beziehungsfähig. Und Mädchen, die sich mit ihren Vätern nicht identifizieren können, geben schneller auf, sind eher beleidigt oder können sich nur schwer durchsetzen. Das kann dazu führen, dass sie sich hohe Ziele erst gar nicht stecken.

Frauen mit passiven Vätern sind auch die Prototypen für „Supermütter" und „Antimütter". „Supermütter" arbeiten zu hart, putzen zu viel, treiben ihre Kinder übermäßig an. Antimütter – die, die unter ihrer eigenen dominanten Mutter litten – stehen Mutterschaft im Allgemeinen ablehnend gegenüber. „Ich werde einem Kind nie antun, was meine Mutter mir angetan hat!", beteuern sie. Die Alternative einer gemeinsamen Elternschaft von Mutter und Vater haben sie nie erlebt. Ein passiver Vater hinterlässt in jedem Fall eine Tochter, die auf das Leben im Allgemeinen und Mutterschaft im Besonderen nur unzureichend vorbereitet ist.

Unbegründete Ängste

Vater ist der Starke, der Beschützer und der Schutzwall, der einem Sicherheit gibt. Töchter passiver Väter wachsen oft mit tief verwurzelten Unsicherheiten heran. Ihr Instinkt sagt ihnen, dass es keinen Zufluchtsort vor dem Bösen in der Welt gibt.

Die Kombination von Carols penetranter Art und ihrer Ängstlichkeit schreckt viele ihrer Mitmenschen ab. Sie hat eigentlich immer Angst. Wenn ihr schwindlig ist, befürchtet sie einen Herzanfall. Wenn ihr Mann ohne ihr Wissen einen Rasenmäher kauft, sieht sie maßloses Geldausgeben und ultimativ den Bankrott auf sich zu kommen. Ihre Ängste sind schon deprimierend genug, aber sie ist auch noch so eigensinnig, dass einfache, beruhigende Fakten ihre Sorgen nicht kleiner werden lassen. Sie weigert sich, sich so einfach trösten zu lassen.

Carol ist vielleicht ein Extremfall, oft können jedoch Frauen wie sie, die nie die Stärke und Anleitung eines Vaters erlebt haben, kein Gespür dafür entwickeln, dass sie geliebt und beschützt werden. Ein Psychoanalytiker, dessen Patientin von sich sagte, dass sie einen schwachen Vater gehabt hätte, zitierte diese Frau so: „Oft fühle ich mich miserabel – ich befürchte, dass mir die Dinge einfach aus der Hand gleiten werden. Es ist ein Gefühl, als würde das Haus beginnen einzustürzen oder etwas ähnlich Schreckliches." Ein Vater ohne Stärke hinterlässt in seinem Kind ein Gefühl *drohenden Verfalls*. Etwas Furchtbares wird geschehen, und nichts und niemand wird es aufhalten können.

Nicht erwachte Weiblichkeit

Das vielleicht traurigste Erbe eines passiven Vaters ist das, was er seiner Tochter *nicht* gibt.

Frauen mit einem Waschlappen zum Vater entwickeln selten ein tiefes Vertrauen in ihre eigene *Weiblichkeit*, weil sie diese nie der *Männlichkeit* des Vaters gegenüberstellen konnten.

Der jüdische Philosoph Martin Buber spricht vom „Dialog-Prinzip": um alle Tiefen meiner Persönlichkeit erforschen zu können, brauche ich ein „Du", das mich in diese Tiefen führt. Dieses Prinzip kommt auch zum Tragen, wenn es darum geht, unsere Sexualität zu akzeptieren. Gott sagte: „Es ist nicht gut, dass der Mensch allein sei." Also schuf er die Frau – eine vom Mann grundverschiedene Person. Es gibt einen Teil ihrer Weiblichkeit, den die Frau nicht fassen kann, bis sie ihn im Kontrast zu wahrer Männlichkeit sieht.

Die Beziehung einer Frau zu ihrem Vater sollte der Ort sein, an dem ihre Weiblichkeit erwachen und wachsen kann. In dieser unverdienten, asexuellen und deshalb absolut sicheren Beziehung sollte sie sich als Frau bestätigt fühlen. Sie sollte wissen, dass sie anders ist als ein Mann und dass sie für diese Unterschiede Respekt erwarten darf. Sie sollte es erleben, dass ein Mann sie bejaht und bestätigt. Sie sollte es lernen, einen Mann zu konfrontieren und mit ihm unterschiedlicher Meinung zu sein. Sie sollte es ebenso lernen, ihre Ansichten zu artikulieren, ohne sich für sie zu entschuldigen und sich korrigieren zu lassen, ohne am Boden zerstört zu sein. Eine Frau mit einem passiven Vater erlebt von all dem nur wenig.

Wenden wir uns jetzt unserem nächsten Thema zu – dem inneren Hunger danach, losgelassen zu werden.

[1] John M.Musser und J.Roland Fleck: „The Relationship of Paternal Acceptance and Control to College Females' Personality Adjustment" in: *Adolescence*, Band XVII, Nr.72, Winter 1983, S.907–916.

[2] Henry Biller und David Meredith: *Father Power*. New York: David McKay Co., 1974, S.8

[3] Biller, S.7.

5. Der Hunger danach, losgelassen zu werden

Salomo beschreibt die Kinder eines Vaters in Psalm 127,4 als „Pfeile in der Hand eines Helden". Pfeile sind nicht dazu da, herumgetragen oder im Trophäenschrank ausgestellt zu werden. Ein Krieger ist erfolgreich, wenn er seine Pfeile präzise abschießt. Genauso tut ein Vater gut daran, seine Tochter darauf vorzubereiten, ohne ihn in ihr eigenes Leben zu starten. Gott will, dass ein Vater seine Tochter auf ein Leben in einer Welt vorbereitet, in der der Vater nicht die einzige Autorität ist.

Eine gut vorbereitete Tochter geht ohne die einengende Erwartung ins Leben, dass sie aus allen Schwierigkeiten und Lebenskrisen immer von „Daddy" oder einem Vaterersatz gerettet werden wird. Den Ratschlag ihres Vaters wird sie vielleicht ein Leben lang schätzen, aber sie ist aus ihrer kindlichen Abhängigkeit herausgewachsen, nicht in die Unabhängigkeit hinein, sondern in Richtung einer wechselseitigen Abhängigkeit, einer *Interdependenz*. Diese Interdependenz kennzeichnet nicht nur die Beziehung zu ihrem Vater, sondern auch ihre Beziehungen zu anderen Menschen in ihrem Leben.

Bitte hilf mir, auf eigenen Füßen zu stehen

Bei Frauen wie Daphne gibt es Anzeichen dafür, dass ihr Vater sie nicht gehen lassen konnte.

Daphne kann ihren Vater nicht genug loben. Ihr schmales Gesicht leuchtet, als sie berichtet, wie er sie mit zum Golfspielen nahm und wie stolz er auf sie war, als sie dann alle seine Freunde schlug. Sie erzählt, dass er sie lehrte, wie man Möbel tischlert und Versicherungen abschließt und wie er ihrer jugendlichen Rebellion gegen seine Strenge mit Stärke begegnete. Sie strahlt, als sie sich erinnert, wie er allein sie bei ihrem Vorhaben unterstützte, zur Armee anstatt auf die Uni zu gehen.

Doch wenn das Gespräch auf ihren Ehemann kommt, huscht ein Schatten über ihr Gesicht. Wenn er ihr doch nur einmal zuhören würde – wie Daddy es tut! Wenn er sich doch nur einen anderen Job suchen würde – damit sie näher bei ihrem Vater wohnen könnten!

Wie es bei Daphne der Fall ist, kann ein Vater mit einer guten Mischung aus Wärme und Zurechtweisung an der Erziehung seiner Tochter beteiligt sein, aber wenn die Zeit kommt, sie gehen zu lassen, versagt er. Seine Tochter wird dann zu einer Frau, die weiß, dass sie immer zu Daddy zurückkommen kann, wenn es Schwierigkeiten gibt. Seine Bestätigung, sein Mitleid und sein Scheckheft werden alles in Ordnung bringen.

Unglücklicherweise findet sie nirgends sonst auf der Welt solch eine totale Hingabe von jemandem, der – zumindest an der Oberfläche – nichts von ihr fordert als Anerkennung und Liebe. Wie eine Drogenabhängige kann sie am Vater hängen und Schwierigkeiten haben, ihn zwecks eines selbständigen Lebens in der Welt der Erwachsenen zu verlassen.

Es ist möglich, dass er auch von ihr in starkem Maße abhängig ist. Vielleicht ist das ein Grund, weshalb er – bewusst oder unbewusst – ihre Abhängigkeit von ihm ständig erneuert, selbst wenn es für sie am besten wäre, es zu lernen, auf eigenen Füßen zu stehen. Er genießt seine Rolle als Herr Wundervoll in ihren Augen so sehr, dass er eine Trennung nicht ertragen könnte. Er bindet sie an sich, indem er so viele ihrer Bedürfnisse erfüllt, dass ihm niemand sonst das Wasser reichen kann.

Die Tochter, die zu sehr geliebt wird

Hierbei geht es nicht um sexuellen oder seelischen Missbrauch (obwohl viel zu viele Frauen in ihren eigenen Familien unter diesen

Dingen zu leiden haben). Sexueller Missbrauch ist kein Kennzeichen des „zu wundervollen" Vaters.

Das Problem, das dieser Vater schafft, ist, dass er seiner kleinen Tochter eine „Ich-pass-auf-dich-auf-mein-Schatz"-Mentalität eintrichtert, die auch in der erwachsenen Frau noch zu finden ist. Deshalb kann es sein, dass eine solche Tochter gar nicht darauf vorbereitet ist, einen wahren Ehepartner für sich zu suchen. Sie braucht einen Mann, der einem kleinen Mädchen ein Vater sein wird – ein Mann, der ihr zuhört, mit ihr kuschelt, ihr nachgibt und sie zu seiner Königin macht, so wie es Daddy immer getan hat. Das kann und sollte kein Mann ihres Alters leisten, und so geht sie ultimativ einer Enttäuschung entgegen.

Ironischerweise sind diese Frauen keine hilflosen Babys. Sie wurden von ihren Vätern gut auf alle Arten von Erfolg in der Welt vorbereitet. Die enge Bindung zum Vater war ein exzellentes „Kompetenztraining", das heißt, sie sind erfolgreich, wenn es um das Abstecken von Zielen, um Objektivität, Führungsqualitäten und Initiative geht. In der Schule waren sie oft Vorsitzende dieses oder jenes Klubs, und als Erwachsene sind sie in der Arbeitswelt erfolgreich.

In einer Studie gaben fünfundzwanzig als Führungskräfte tätige Frauen an, ihren beruflichen Erfolg ihren Vätern zu verdanken. Diese Väter, die wir als „zu wundervoll" klassifizieren würden, liebten, lobten und lehrten sie. Sie ermutigten ihre Töchter dazu, den traditionellen Zwängen zu entfliehen, die die Gesellschaft Frauen auferlegt. Alle fünfundzwanzig waren erstgeborene Mädchen. Es gibt Studien, die belegen, dass sich Väter oft einen Jungen als erstes Kind wünschen; es ist also möglich, dass einige Väter versuchen, aus ihrer Tochter den Jungen zu machen, den sie nicht bekommen haben. Im Falle der fünfundzwanzig Frauen war das Training erfolgreich. Jede von ihnen ging zu Beginn ihrer Karriere eine enge Bindung mit einem männlichen Vorgesetzten ein. Einmal unter der Obhut dieses Vaterersatzes, wurden alle anderen Beziehungen nebensächlich. Keine der Frauen heiratete vor ihrem fünfunddreißigsten Lebensjahr. Sie hatten weder die Zeit noch die emotionale Energie, sich dem Beruf und einer Beziehung gleichzeitig zu widmen.

Der Schlüssel ihres Erfolgs scheint die Beziehung zu ihren Vätern – vor allem während der Pubertät – zu sein. Keine ihrer Mütter

war eine besonders faszinierende Person. Eine Frau beschrieb ihre
Mutter als ein „warmes, kuscheliges Kissen, nicht sehr aufregend –
aber mein Vater, der war immer voller Energie, eine wirklich charismatische Persönlichkeit".[1] Wenn ihre Mütter sie während der Pubertät zu einem „damenhafteren Verhalten" erziehen wollten, widersetz-
ten sich diese Mädchen – und konnten dabei mit der Unterstützung
ihrer Väter rechnen. Die Väter brachten den Mädchen die Fertigkeiten
und Fähigkeiten bei, die ihnen selbst zum Erfolg verholfen hatten.
Die meisten der Frauen konnten sich daran erinnern, mit ihrem Vater
über geschäftliche Dinge diskutiert zu haben. Sie hatten sehr oft auch
gemeinsame Hobbys wie Segeln oder Tennis. Jede der Frauen entschied sich für eine Universität, auf der Männer und Frauen gemeinsam unterrichtet wurden, und wählte eher ein naturwissenschaftliches
oder wirtschaftliches Studium als eines der Geisteswissenschaften.
Die erste Arbeitsstelle fast aller Frauen war eine Position, die ihnen
ihr Vater durch Beziehungen verschafft hatte.

Es war also der Vater, der ihre Karriere ins Rollen brachte, und
ein Vaterersatz, der ihnen auf der Karriereleiter nach oben half. Bei
diesen Frauen führte die „Liebesbeziehung" mit Daddy nicht zu
Unzufriedenheit in der Ehe – doch das hat hauptsächlich damit zu
tun, dass sie erst relativ spät heirateten. Man kann sich allerdings
fragen, ob sie je eine eigene Identität entwickelten oder ob sich
in ihren Lebensentscheidungen nicht eher die Identität ihres Vaters widerspiegelt.

Was kann einen „zu wundervollen" von einem wirklich guten
Vater unterscheiden? Zum Beispiel die Nähe zur Tochter im Gegen-
satz zur Nähe zu seiner Frau. Eine Beobachterin der oben genannten
Studie sagte: „Man wird das Gefühl nicht los, dass diese Männer bei
ihren Töchtern die Kameradschaft suchten, die sie bei ihren Frauen
nicht fanden." Die Frauen selbst schienen ihre Mütter keineswegs als
Konkurrentinnen um die Aufmerksamkeit des Vaters zu sehen. Diesen
Kampf hatten die Töchter schon Jahre zuvor gewonnen.

Vielleicht kamst du in den Genuss einer engen, besonders schö-
nen Beziehung mit deinem Vater. Um herauszufinden, ob er vielleicht
„zu wundervoll" war, kannst du dir folgende Frage stellen: „Wenn
ich eine Tochter hätte und mein Mann hätte zu ihr eine Beziehung
wie ich sie zu meinem Vater hatte – wie würde ich als Mutter mich

fühlen?" Wenn ein Vater die Gesellschaft seiner Tochter der seiner Frau vorzieht, sind Probleme vorprogrammiert.

Die Tochter, die zu sehr gebraucht wird

Eine andere Art von „zu wundervollem" Vater zieht eine Tochter groß, die so püppchenhaft und feminin ist, wie die eben beschriebenen Frauen kompetent und geschäftstüchtig waren. Dieser Vater braucht es zu sehr, die Rolle des Retters zu spielen, als dass er seine Tochter zur rechten Zeit aus dem Nest schubsen könnte. Er hält sie von sich abhängig, indem er sie an allen Ecken und Enden verhätschelt. Er macht sich unabkömmlich, indem er alle ihre Bemühungen um berufliche Kompetenz und die dafür notwendigen zwischenmenschlichen Beziehungen liebevoll unterminiert. Diese Tochter wird zu einer Art Kind-Frau, die nur überleben kann, wenn sich ein Mann um sie kümmert. Ein Leben ohne Mann ist für sie unvorstellbar oder zumindest kaum zu ertragen.

Elizabeths Vater liebte seine Tochter abgöttisch und erlaubte es seiner „kleinen Prinzessin" erst, das Nest zu verlassen, als er sie in die Hände eines jungen Mannes geben konnte, den er selbst „kreiert" hatte. Als Elizabeth diesen Jungen das erste Mal mit nach Hause brachte, war er verstört und orientierungslos. Elizabeths Vater nahm ihn unter seine Fittiche. Unter dieser väterlichen Zuwendung, die der Junge von zu Hause nicht kannte, blühte er förmlich auf. Später verliebten sich Elizabeth und er ineinander und heirateten. Als sie einen halben Kontinent entfernt Arbeit fanden, zogen sie weg. Aber ihre vielversprechende Ehe hielt keine zwei Jahre, und Elizabeth kam zu Daddy zurück, voller mitleidserregender Geschichten, wie viel sie und wie wenig er getan hatte, um ihre Ehe noch zu retten.

Sie fand für ihre Geschichte bei Daddy ein offenes Ohr. Ihr Vater tröstete sie, baute ihr Ego wieder auf und schickte sie finanziell und emotional restauriert zwecks eines zweiten Studiums zurück auf die Uni. Das vertiefte das Muster ihrer Abhängigkeit von Männern noch. An der Uni lernte Elizabeth einen Theologiestudenten kennen. Er war verheiratet, aber als er nach Abschluss seines Studiums eine Pastorenstelle annahm, packte Elizabeth ihre Sachen und wurde dort

seine Sekretärin. Unglaublicherweise konnte der junge Pastor ihre
Beziehung rein platonisch halten. Er schätzte ihre Hilfe, nutzte aber
nicht aus, dass sie ihn so sehr brauchte. Sie arbeiteten zusammen, bis
er in eine andere Gemeinde versetzt wurde. Elizabeth übertrug dar-
aufhin ihre Loyalität einfach auf einen anderen Mann. Als sie auch
diese Bindung lösen musste, folgten noch andere nach demselben
Schema. Sie schloss sich einer Kirchgemeinde oder christlichen
Singlegruppe lange genug an, um unter dem Deckmantel der Seelsor-
ge für ihre zahlreichen persönlichen Probleme eine Beziehung zum
männlichen Leiter aufzubauen. Wenn Elizabeth ihm (oder seiner
Frau) zu viel wurde, ging sie zur nächsten Gruppe.

Sie heiratete noch einmal, diesmal einen charmanten Musiker,
der leider keine Arbeit finden konnte. Elizabeths Vater griff den
beiden finanziell unter die Arme, „nur so lange, bis für meinen Mann
der große Durchbruch kommt", sagte sie.

Die Tochter, die ihren Vater
nie in Ungnade fallen lässt

Gott will, dass Väter ihren Töchtern *zeigen*, wie Gott ist, nicht, dass
sie selbst zu Götzen werden. Genau das ist aber das Problem mit
einem „zu wundervollen" Vater. Er genießt es, dass seine Tochter ihn
anbetet, und benutzt seine Macht über sie, um seine Position als
makelloser Held in ihren Augen zu festigen. Wenn seine erwachsene
Tochter Schwierigkeiten begegnet, wird ihre instinktive Reaktion
sein: „Wäre doch nur Daddy hier!" Wenn sie heiratet, kann es passieren, dass sie von ihrem Mann messianische Fähigkeiten erwartet: er
soll alle ihre Bedürfnisse erfüllen, ihr ungeteilte Aufmerksamkeit und
Hingabe schenken, immer der Gebende und nie der Bedürftige sein.
Wenn ihr Mann versagt, glaubt sie, den Falschen geheiratet zu haben.
Vielleicht arbeitet sie ja an der Beziehung, aber in der Regel will sie
sich nur soweit verändern, wie das ihren Mann ändert, der dann
wiederum mehr von ihren Bedürfnissen erfüllen kann. Sie kommt
nicht darauf, sich Hilfe zu suchen, um die Gnade und Macht Jesu in
ihrem Leben Früchte tragen zu lassen. Wenn man ihr sagt, dass sie in

Christus zufrieden und heil geworden leben kann, selbst wenn ihr Mann sich niemals ändern sollte, hat sie große Schwierigkeiten, das zu glauben.

Eine erfüllte, schöne, liebevolle Beziehung zwischen einem Vater und seiner Tochter ist eines der wundervollsten Gottesgeschenke. Wenn wir jedoch das Geschenk und nicht den Geber anbeten, zerstören wird die Schönheit des Geschenks. Es wird zum Götzen, zum falschen Gott, der uns enttäuschen und schaden wird. In ihrer Jugendzeit und darüber hinaus muss eine Frau ihren Vater als das sehen, was er ist – ein Gefäß für Gottes Gnade und ein Helfer, ein Instrument Gottes, nicht Gott selbst. Der kluge und Gott liebende Vater weiß, dass er für seine Tochter nicht Gott sein kann. Wenn sie eine Frau mit Gottvertrauen werden soll, muss sie lernen, mit den Schwierigkeiten und Herausforderungen eines selbständigen Lebens fertig zu werden.

Der Vater, der auch seine Schwächen vor seiner Tochter nicht verbirgt und Situationen zulässt, in denen er ihr nicht helfen kann, ist ein Vater, der seine Tochter auf den guten Weg eines Lebens unter Gottes Führung bringt. Sie lernt Dinge, von denen er nichts weiß, und er ist bereit, auch von ihr zu lernen. Und er kann Gott bitten, die Leere in ihm auszufüllen, wenn sie ihre Liebe dem Mann schenkt, den sie heiraten wird. Er muss nicht für sie leben, also kann er sie hergeben, damit sie auch nicht für ihn leben muss.

Ein Vater, der loslassen kann, entlässt seine Tochter in ein Leben unter der Fürsorge Gottes. Und wenn sie einen „Schubs" aus dem warmen Nest braucht, wird er ihn ihr geben. Wenn sie weg ist, wird er darauf achtgeben, dass ihre Hilferufe nicht immer sofort eine „Bin-gleich-da"-Reaktion bei ihm auslösen. Stattdessen hilft er ihr dabei, ihre Probleme selbständig zu lösen und auch andere Menschen um Unterstützung zu bitten. Er bereitet sie auf ein Leben vor, in dem sie gibt und nimmt, und wenn die Zeit dafür gekommen ist, lässt er sie gerne gehen.

Was, wenn er sowieso nie ein Held war?

Wenn eine Tochter nie wirklich zu ihrem Vater gehört hat, kann sie sich auch nicht schrittweise von ihm lösen. Der distanzierte oder schwache oder immer unzufriedene Vater kann seine Tochter nicht ins Erwachsenenleben entlassen, weil er mit ihr nie so verbunden war, wie es sein sollte. Eine Frau kann sich nicht erfolgreich von etwas lösen, das sie nie hatte.

Sie verlässt ihr Zuhause, aber ihr „Losgelassenwerden" ähnelt eher einem Rausschmiss als einem schrittweisen Abbau der Abhängigkeit vom Vater. Nach außen hin spricht sie vielleicht nur vage von ihrem Vater, so als spielte er in ihrem Leben keine große Rolle mehr und hätte sie auch nie gespielt. Innerlich wird ihr Leben aber zu einer Suche. Der Hunger nach der „Vaterliebe", die sie nie erfahren hat, will gestillt werden.

Loslassen ist schwer

Kinder gehen zu lassen, ist immer schwer. Es zerriss mich fast, als ich unseren zweijährigen Sohn bei einer Sonntagsschulbetreuerin lassen musste, die er nicht leiden konnte. Und ich erinnere mich noch ganz genau daran, was für ein mulmiges Gefühl mich beschlich, als ich unsere zerbrechliche fünfjährige Tochter in den riesigen gelben Schulbus klettern sah, der sie in den Kindergarten bringen sollte. Wie viel schwerer muss es für einen Vater sein, die geliebte Tochter, für die er fast zwanzig Jahre lang gesorgt hat, in eine Welt zu entlassen, die rücksichtslos und grausam sein kann.

Dennoch: Damit ein Mädchen vollends unter die Vaterschaft Gottes kommen kann, muss sie der Fürsorge Gottes auch anvertraut werden.

Es stimmt, unbedachte und nicht ernst genommene Vaterschaft kann im Leben der Tochter schlimme Folgen haben. Aber wenn ein Vater etwas von den vier Aspekten effektiver Vaterschaft in seine Erziehung einfließen lässt, schafft er eine Umgebung, in der sich seine Tochter entwickeln kann – zu einer reifen Frau und hin zum Herrn.

Fragst du dich jetzt, wie dein Vater unter dem Gesichtspunkt effektiver Vaterschaft abgeschnitten hat? Wenn ja, kann dir das nächste Kapitel dabei helfen, euer gemeinsames Leben einzuschätzen.

---

[1]   Margaret Henning und Ann Jardin: *The Managerial Woman*. New
York: Doubleday, 1981.

6. Wer war der Mann hinter der Maske?

Welche Erinnerungen hast du an deinen Vater? Wie präzise sind sie? Wie meine Freundin Valerie entdecken musste, ist „die Vergangenheit" manchmal schon eine komische Angelegenheit. Valerie hat ein Faible für die Vergangenheit, und ihr Haus spiegelt das deutlich wider. Die meisten ihrer Möbel stammen aus dem Antiquariat, und sie hat das einzige Wohnzimmer, das ich kenne, das mit einer lebensgroßen Schaufensterpuppe in einem sechzig Jahre alten Brautkleid dekoriert ist.

Mit solch einer Leidenschaft für die Vergangenheit konnte Valerie zu dem Angebot des Managers vom nahegelegenen Museumsdorf nicht nein sagen. Sie sollte dort einen Tag lang den Touristen das Leben einer Farmerfrau um die Jahrhundertwende nahe bringen. Diese Einladung zurück in die „gute alte Zeit" weckte Valeries Sinn für nostalgische Romantik. Konnte es denn etwas Schöneres geben, als in Kleidern aus naturbelassenen Fasern über die Farm zu schlendern – ein Glas Apfelsaft frisch aus der Fruchtpresse in der Hand? Auch ihr Mann sollte an dem Spaß teilhaben dürfen, also nahm sie ihn kurzerhand mit.

Der Tag, den Valerie und ihr Mann als Farmerehepaar verlebten, war jedoch der Tag der Tomatenernte im Museumsdorf. Valerie verbrachte den ganzen Tag mit dem Einwecken von Tomaten. Zu ihrem Pech kletterte das Thermometer an jenem Morgen auf über 35° Celsius. Valerie schienen es mindestens achtzig Grad zu sein, nachdem sie stundenlang am Holzofen gestanden und in Töpfen mit dampfenden

Tomaten gerührt hatte – in einer Küche ohne Klimaanlage. Mittags klebte ihr der lange Baumwollrock an den schweißüberströmten Beinen und das am Morgen sorgfältig aufgelegte Makeup tropfte ihr vom Gesicht. Von ihrem Mann konnte sie auch kein Mitleid erwar-ten, weil der nämlich den ganzen Morgen in sengender Hitze Holz gehackt hatte und selbst ein paar aufmunternde Worte ge-brauchen konnte.

Sie versuchten der bedrückenden Küche zu entkommen, indem sie ihr Mittagessen im Freien aßen, aber die Fliegen trieben sie zurück ins Haus. So schwitzten sie über ihren Tellern mit heißer Suppe – nichts Kaltes ohne Kühlschrank. Valeries Mann floh aus der Küche, bevor sie den Ofen wieder anfeuerte, um Wasser zum Abwa-schen heiß zu machen.

An jenem Abend fuhren zwei erschöpfte, aber realistischere Menschen dem Komfort ihres Vororthäuschens entgegen, dankbar für Klimaanlagen, eisgekühlte Getränke und Mikrowellen. Valerie musste auf die harte Tour lernen, dass ihr Bild der guten alten Zeit einfach nicht stimmte. Sie kannte vielleicht einen Ausschnitt der Vergangenheit, aber nicht die ganze Wahrheit.

Dasselbe kann auch auf unsere Kindheitserinnerungen zutref-fen. Mir fiel das auf, als ich Frauen über ihre Väter befragte. Wir diskutierten über die vier Aspekte effektiver Vaterschaft – Engage-ment, Wärme, Zurechtweisung und Loslassen. Wenn die Frauen dann ihre Väter in diesen Bereichen einschätzen sollten, wussten sie oft nichts zu sagen. Oder sie schätzten das Verhalten ihres Vaters in einem Bereich als „gut" ein, aber die Szenen ihrer Kindheit, die sie dann beschrieben, widersprachen ihrer Einschätzung. Manchmal war es auch genau umgekehrt.

Es schien, dass diese Frauen so wenig über die Beziehung zu ihren Vätern nachgedacht hatten, dass sie Schwierigkeiten hatten, sie akkurat einzuschätzen. Oder sie hatten ihren Vater aus Gründen, die wir später noch genauer betrachten wollen, idealisiert oder aber schlechter gemacht, als er war.

Wie herzlich dein Vater mit dir umging, ist nicht leicht einzu-schätzen. Es ist beispielsweise leichter, dich daran zu erinnern, ob sein Umgangston mit dir in der Regel freundlich war. Auf den näch-sten Seiten findest du Fragebögen, die dir dabei helfen sollen, eine klarere Vorstellung von deinem Vater zu bekommen, eine, die weniger von Nostalgie oder Distanz zur Vergangenheit geprägt ist.[1]

Um das beste Bild von ihm zu bekommen, musst du das Verhalten des Vaters deiner Kindheit beurteilen. Wie verhielt er sich dir gegenüber, als du klein warst? Eine Frau erzählte mir: „Wenn ich heute meinen Vater besuche, fängt er immer an zu weinen, wenn ich wieder gehe. Seine Kinder leben alle sehr verstreut. Er ist schon über siebzig und ist sich bewusst, dass jeder unserer Besuche der letzte sein könnte."

Ich weiß nicht, ob ihr Vater auch geweint hat, als sie zehn war und das Haus verließ, aber ihre Geschichte macht etwas Wichtiges deutlich. Auch unsere Väter haben sich verändert. Höchstwahrscheinlich sind sie mit siebzig anders, als sie es mit dreißig waren. Wie wir geprägt wurden, hängt jedoch mehr davon ab, wie sie sich mit dreißig verhielten. Es ist demnach wichtig, dass wir uns an damals erinnern.

Beim Beantworten der Fragen kann es hilfreich sein, wenn du für einen Moment die Augen schließt und dich in die Zeit zurückversetzt, als du acht oder neun warst. Stell dir euer Haus oder eure Wohnung und deine Familie darin vor. Wenn dein Vater bei euch gelebt hat, dann versuche, ihn dir ebenfalls vorzustellen. Wenn dein Vater vor dieser Zeit gestorben ist oder euch verlassen hat, gründe deine Antworten auf das, was du von ihm noch weißt.

Vater-Fragebogen

Jeder der vier Aspekte effektiver Vaterschaft hat zehn Unterpunkte. Jeder Unterpunkt beschreibt, wie sich dein Vater dir gegenüber verhalten haben könnte, als du ein Kind warst. Wenn du denkst, dass das auf deinen Vater zutraf, kreise *S* ein (stimmte). Wenn es in etwa zutraf, kreise *SM* ein (stimmte manchmal). Wenn du deinen Vater so nicht erlebt hast, kreise *N* ein (stimmte nicht).

Addiere dann die eingekreisten Punkte und trage sie in die untenstehende Übersicht ein.

ENGAGEMENT   _____
WÄRME   _____
ZURECHTWEISUNG   _____
LOSLASSEN   _____

ENGAGEMENT

1.	Er dachte scheinbar oft an mich.	S 10	SM 5	N 0
2.	Er redete nicht oft mit mir.	S 0	SM 5	N 10
3.	Er genoss es, Dinge mit mir gemeinsam zu unternehmen.	S 10	SM 5	N 0
4.	Er beschwerte sich, dass ich ihm auf die Nerven ging.	S 0	SM 5	N 10
5.	Er wollte meine Freunde gern kennen lernen.	S 10	SM 5	N 0
6.	Ihm fiel kaum auf, wenn ich in der Schule oder zu Hause gute Leistungen brachte.	S 0	SM 5	N 10
7.	Er besprach Dinge mit mir.	S 10	SM 5	N 0
8.	Er half mir nicht, wenn ich Hilfe brauchte.	S 0	SM 5	N 10
9.	Er unternahm gern Ausflüge und Picknicks mit mir.	S 10	SM 5	N 0
10.	Er verbrachte nur wenig Zeit mit mir.	S 0	SM 5	N 10

WÄRME

			S	SM	N
1.	Er tröstete mich, nachdem er mit mir über meine Sorgen gesprochen hatte.		10	5	0
2.	Er sah meine Fehler scheinbar mehr als meine guten Seiten.		0	5	10
3.	Sein Umgangston mit mir war ruhig und freundlich.		10	5	0
4.	Er hielt meine Ideen für albern.		0	5	10
5.	Er umarmte und küsste mich oft.		10	5	0
6.	Er wünschte, dass ich anders gewesen wäre, als ich war.		0	5	10
7.	Er sagte mir, dass ich hübsch aussah.		10	5	0
8.	Er lobte mich nur selten.		0	5	10
9.	Er schien glücklich, mich zu sehen.		10	5	0
10.	Er verstand nicht, was mir wichtig war.		0	5	10

ZURECHTWEISUNG

			S	SM	N
1.	Er bestand auf Gehorsam, auch wenn ich protestierte		10	5	0

2.	Er fand es nicht so schlimm, wenn ich etwas falsch gemacht hatte.	S 0	SM 5	N 10
3.	Es war ihm wichtig, dass ich wusste, was von mir erwartet wurde.	S 10	SM 5	N 0
4.	Er gab mir so viel Freiheit wie ich wollte.	S 0	SM 5	N 10
5.	Er bestand darauf, dass ich die mir übertragenen Aufgaben auch erledigte.	S 10	SM 5	N 0
6.	Mein Fehlverhalten schien ihn nicht groß zu kümmern.	S 0	SM 5	N 10
7.	Er wählte angemessene Strafen für mich.	S 10	SM 5	N 0
8.	Er fand immer Entschuldigungen für mein schlechtes Benehmen.	S 0	SM 5	N 10
9.	Es war ihm wichtig, dass ich ihm gehorchte, wenn er mir etwas auftrug.	S 10	SM 5	N 0
10.	Er konnte leicht zu etwas überredet werden.	S 0	SM 5	N 10

LOSLASSEN

1.	Er sagte mir immer, warum seine Art, Dinge zu tun, die beste war.	S 0	SM 5	N 10

2.	Er musste immer genau wissen, wo ich mit wem hinging und was ich dort tat.	S 0	SM 5	N 10
3.	Er ließ mich mitentscheiden, wenn es um Dinge ging, die wir gemeinsam unternahmen.	S 10	SM 5	N 0
4.	Zu Hause war ich das Zentrum seiner Aufmerksamkeit.	S 0	SM 5	N 10
5.	Er ließ mich normale Dinge tun, die die meisten Kinder meines Alters auch taten.	S 10	SM 5	N 0
6.	Er wünschte, ich könnte zu Hause bleiben, wo er auf mich aufpassen könnte.	S 0	SM 5	N 10
7.	Er war sich sicher, dass ich auf mich aufpassen konnte, auch wenn er nicht da war, um mir zu helfen.	S 10	SM 5	N 0
8.	Er ließ mich spüren, dass ich die wichtigste Person in seinem Leben war.	S 0	SM 5	N 10
9.	Es war ihm wichtig, dass ich Fähigkeiten hatte, die mich selbständig machten, z. B. ein Konto zu führen	S 10	SM 5	N 0
10.	Er schien verletzt, wenn ich nicht immer seine Ratschläge befolgte.	S 0	SM 5	N 10

Einschätzung deiner Antworten

In jeder Kategorie ist die zu erreichende Höchstpunktzahl 100, die niedrigste Punktzahl null Punkte.

Bei den Ergebnissen der einzelnen Abschnitte ist am wichtigsten, in welcher Relation sie zueinander stehen. Wenn dein Vater bei fast jeder Frage bei 5 Punkten lag, in einer Kategorie aber ausschließlich Nullen oder Zehner von dir erhielt, hat er dich auf diesem Gebiet während deiner Entwicklung wahrscheinlich am meisten beeinflusst. Die Frau eines Pastors gab ihrem Vater in jeder Kategorie zwischen vierzig und fünfzig Punkte, außer bei „Zurechtweisung", wo er eine glatte 100 erhielt. Es ist offensichtlich, dass es vor allem seine Strenge war, die das Leben seiner Tochter bis heute beeinflusst.

Wenn du bei deinen Ergebnissen kein klares Muster erkennen kannst oder deine Erinnerungen mit dem Ergebnis nicht übereinstimmen, können dafür zwei Faktoren mitverantwortlich sein.

Erstens ist zu beachten, dass bei dem Test die Motive deines Vaters für sein Verhalten völlig unberücksichtigt bleiben. Tracis Vater zum Beispiel erhielt bei „Wärme" eine hohe Punktzahl, aber sie erklärte mir, dass seine „Wärme" tatsächlich ein Versuch sexuellen und emotionalen Missbrauchs war. Die Randnotizen auf ihren Testbögen machen das deutlich:

„Sein Umgangston mit mir war ruhig und freundlich." (Grenzte an Anzüglichkeit!)
„Er umarmte und küsste mich oft." (Er hätte gern mehr davon gehabt!)
„Er sagte mir, dass ich hübsch aussah." (Er warf mir ständig lüsterne Blicke zu.)
„Er schien glücklich, mich zu sehen" (Er wollte, dass ich dasselbe fühlte.)

Wie bei Traci kann es auch bei dir der Fall sein, dass dein Vater Hintergedanken und unsaubere Ziele hatte.

Es gibt aber noch einen weiteren Grund, warum deine Ergebnisse sich nicht mit der Vergangenheit, so wie du dich an sie erinnerst, decken können.

Eine Frau errechnete für ihren Vater in allen Kategorien eine Punktzahl jenseits der fünfundsiebzig. Bei „Wärme" waren es sogar fast volle 90 Punkte. Dennoch hatte sie massive Probleme im Umgang mit Männern, und auch ihre Ehe war seit Jahren sehr instabil und von vielen Höhen und Tiefen gezeichnet. Diese Frau idealisierte die Vergangenheit, weil sie Angst vor der schmerzhaften Erfahrung hatte, der Realität ins Auge zu blicken. Einige von uns mögen solche oder ähnliche Gründe haben, unsere Väter nicht so sehen zu wollen, wie sie wirklich waren.

Die zwanzig oder dreißig Jahre, die du mit deinem Vater verbracht hast, in ein objektives Licht zu rücken, kann eines der schwierigsten Dinge sein, die du bis jetzt getan hast. Was macht die Sache so verwirrend?

Fünf Gründe, warum es schwer ist, den eigenen Vater realistisch zu beurteilen

Erstens hat dich dein Vater in den verschiedenen Phasen deines Lebens vielleicht unterschiedlich behandelt. Wie du in deiner Entwicklungsphase behandelt wurdest, kann weitreichende Auswirkungen haben.

Ein Beispiel: Frauenärzte im ganzen Land warnen ihre schwangeren Patientinnen vor dem Genuss von Alkohol. Schon eine kleine Menge kann dem sich entwickelnden Kind katastrophal schaden. Warum? Weil besonders das erste Drittel der Schwangerschaft die entscheidende Phase für die Entwicklung der menschlichen Organe ist. In kurzer Zeit verändern sich die kleinen Organe enorm, und wie sie sich verändern, wird die Körperfunktionen des Kindes für den Rest seines Lebens beeinflussen.

Psychologen sind davon überzeugt, dass es solch kritische Phasen auch in unserer emotionalen Entwicklung gibt. Beim Menschen gibt es bestimmte kritische Zeiträume – die bei jedem anders liegen können –, und wie wir in diesen Zeiten behandelt werden, wird unsere emotionale Stabilität in der Zukunft entscheidend beeinflussen.

In der Beziehung eines Mädchens zu ihrem Vater scheint eine solche kritische Phase ihr drittes bis fünftes Lebensjahr zu sein. Die andere kritische Phase ist die Pubertät. Obwohl ein Vater die Entwicklung seiner Tochter natürlich zu allen Zeiten beeinflussen wird, scheint es während dieser beiden Phasen eine besondere Sensibilität seitens der Tochter für den Einfluss und das Verhalten des Vaters zu geben. Während dieser Phasen wird sich ein Mädchen der Unterschiede zwischen den Geschlechtern am deutlichsten bewusst. Ihre Erwartungen und Vorstellungen vom „Weiblichen" können in diesen Zeiten deshalb besonders leicht von außen beeinflusst werden.

Audreys Vater liebte Babys. Nach Audreys Geburt wetteiferte Tim mit den anderen Vätern in der Nachbarschaft. Er überhäufte seine Tochter mit Geschenken, erzählte allen von ihren Erfolgen und kutschierte sie in den Zoo, zum Sport und in die Schwimmhalle. Als „Papas kleines Mädchen" blühte Audrey unter seiner Fürsorge auf.

Doch etwa zu der Zeit, als sie begann, einen BH zu tragen, verlor sie ihren Vater. Er war zwar körperlich noch anwesend, doch die Liebesbezeugungen, das Sich-Necken und das Umarmen fanden ein abruptes Ende. Ein kleines Mädchen war die eine Sache, aber jetzt wurde Tims Tochter plötzlich zur Frau, und ihre erwachende Sexualität machte ihm Angst. Seine Reaktion darauf war der Rückzug, und Audrey blieb verwirrt und verunsichert zurück.

Mädchen wie Audrey gibt es wie Sand am Meer.[2] Nach Dr. Trobischs Erkenntnissen haben 40 Prozent der Frauen, mit denen er gearbeitet hat, eine solche Veränderung in der Beziehung zu ihrem Vater erlebt. Wenn das Verhalten deines Vater dir gegenüber nicht konstant war, kannst du Schwierigkeiten damit haben, klar zu bestimmen, wer er für dich war.

Zweitens kann er dich anders behandelt haben als deine Geschwister.

Wenn Barbaras Vater jeden Abend um halb sechs nach Hause kam, folgte das immer gleiche Begrüßungsritual. Seine älteste Tochter Melissa beachtete er im Vorbeigehen kaum. Die jüngere Tochter Barbara wurde mit einem Lächeln oder sogar mit einem freundlichen Wort bedacht, je nachdem, wie sehr sie sich an jenem Tag angestrengt hatte, „Papas Sonnenschein" zu sein. Doch Bart, der lang erwartete und innig geliebte Sohn, wurde vom Vater *immer* liebevoll begrüßt.

Wenn diese drei Geschwister ihre Beziehung zum Vater beschreiben würden, kämen drei verschiedene Geschichten dabei heraus. Manchmal kann es auch sein, dass ein Vater seine Kinder gleich behandelt, diese aber unterschiedlich darauf reagieren. Der Therapeut Earnie Larsen beobachtete:

Geschwister, die in derselben Familie aufwachsen, können völlig verschiedene Verhaltensmuster entwickeln. Wenn zwei Kinder in einer eher aggressiven, forschen Familie aufwachsen, kann es gut sein, dass ein Kind dieses Muster übernimmt und zu einer ich-bezogenen, aggressiven und dominanten Person wird. Das andere Kind kann aber ganz anders auf seine Umwelt reagieren und eher ängstlich, passiv, eingeschüchtert und unterwürfig werden. Deine Geschwister haben vielleicht aus ihrer Kindheit ganz andere Dinge gelernt als du. Wie wir auf unsere Umgebung reagieren, kann von solchen Faktoren wie Reihenfolge der Geburt, Geschlecht, Größe und Intelligenz abhängen.[3]

Es wird dir helfen, ein klares Bild davon zu bekommen, wie dein Vater dich geprägt hat, wenn du dich auf deine eigenen Eindrükke verlässt anstatt auf die Interpretationen deiner Geschwister.

Drittens kann dein Vater sozusagen eine gespaltene Persönlichkeit gehabt haben.

Eine Frau berichtete: „Eine Schulfreundin sagte mal zu mir: ‚Dein Vater ist immer so gut drauf!' Ich dachte: Redet sie über meinen Vater? Zu Hause war er immer schlecht gelaunt und hatte an allem etwas auszusetzen. Aber wahrscheinlich versteckte er diese Seite seiner Persönlichkeit vor Außenstehenden."
Einige Männer können in vielerlei Hinsicht vorbildlich, aber einfach keine tollen Väter sein. Ich glaube, dass der Prophet Samuel aus dem Alten Testament ein solcher Mann war. Samuel verkündete mutig Gottes Wahrheit, aber seine Kinder folgten dem Herrn nicht nach (1.Samuel 8,3). David war ein sehr frommer Mann, versagte aber als Vater.

Wenn dein Vater mit anderen Menschen anders umging als mit seiner Familie oder wenn er einfach kein guter Vater, aber sonst ein vorbildlicher Mann war, kann es einige Zeit dauern, bis du die verschiedenen Bilder, die du von ihm hast, sortieren kannst. Wenn das geschafft ist, kannst du eure Beziehung und wie sie dein Leben geprägt hat, realistischer einschätzen.

Viertens stammst du vielleicht aus einer Familie, in der die Wahrheit nicht offen gesagt wurde.

Viele Familien erliegen der Illusion, dass negatives Verhalten die Kinder nicht beeinflusst, wenn es nicht beim Namen genannt wird.

Die Tochter eines Alkoholikers erzählt: „Egal, was er sagte oder tat, egal, wie ‚verrückt‘ er sich aufführte, wir taten, als wäre alles in Ordnung. Über den Grund für dieses Verhalten haben wir nie gesprochen. Eine Zeit lang trank auch ich zu viel. Meine Mutter war darüber total entsetzt. Aber selbst da sagte sie nicht, warum, sagte nicht geradeheraus: ‚Der Grund, warum ich mich so aufrege, ist, dass dein Vater Alkoholiker ist und ich Angst habe, dass dir das auch passiert.'"[4]

Fünftens kann es sein, dass du Erinnerungen verdrängst, die zu schmerzhaft sind.

In einer Boxszene der „Rocky"-Filme mit Silvester Stallone wankt Rocky in seine Ecke im Ring zurück, als die Glocke das Ende der Runde anzeigt. Seine Augen schwellen langsam zu und sein Mund blutet, aber sein Manager brüllt ihm immer wieder „Keine Schmerzen! Keine Schmerzen!" ins Ohr.

„Keine Schmerzen", nuschelt Rocky und stolpert der nächsten Runde entgegen.

Verleugnen kann Schmerzen verdrängen, aber es macht es auch schwerer, sich akkurat an die Vergangenheit zu erinnern. Und es wird uns ganz sicher nicht dabei helfen, zu einer heilen Persönlichkeit zu werden.

Einige als Kinder sexuell missbrauchte Frauen können jahrelang ohne konkrete Erinnerung an den Missbrauch leben. Eine Frau behauptete zum Beispiel, sich an einige Sommer ihrer Kindheit und praktisch ihre gesamte Zeit an der High School nicht erinnern zu können. Ihre Amnesie machte Sinn, als endlich herauskam, dass sie während dieser Zeit wieder und wieder von ihrem Vater missbraucht wurde. Vielleicht sind es Frauen wie diese, über die Nancy Friday schreibt: „In den frühen Jahren sieht sie nur soviel, womit sie auch leben kann."[6]

Andere Frauen wiederum vergraben positive Erinnerungen an ihre Väter. Warum?

Der Groll, den wir mit uns herumtragen, wird unsere Erinnerungen an die Vergangenheit färben. Ein es gut meinender, aber schwacher Vater wird so zum bösen Ungeheuer. Unseren Vater fälschlicherweise der Vernachlässigung anzuklagen, kann eine Strategie sein, von unseren eigenen Problemen abzulenken. Ein unrealistisch dunkles Bild unserer Vergangenheit zu zeichnen, kann uns Sympathie und Aufmerksamkeit verschaffen. („Du armes, vernachlässigtes Kind …") Und einige Frauen genießen es, bemitleidet zu werden, auch wenn das echtes Wachstum verhindert. Wenn wir uns in Undankbarkeit und Bitterkeit flüchten, kann das dazu führen, dass wir all das Gute, das vom Vater kam, übersehen.

Vielleicht sehen wir die Vergangenheit auch zu negativ, weil wir zu viel erwarteten. Wir wollten einen menschlichen Vater mit göttlichen Qualitäten. Viele von uns gehören der Generation an, die beschloss, alles haben zu wollen. Wir glauben, dass wir nur das Beste verdienen, weil wir „es wert" sind. Vielleicht legen wir diesen Maßstab auch bei unseren Eltern an.

Ob wir die Realität nun verleugnen, indem wir die Vergangenheit glorifizieren oder zu schwarz malen – das Verleugnen kann uns daran hindern, die Beziehung zu unserem Vater realistisch einzuschätzen.

Beim Blick zurück sind auch noch andere Gesichtspunkte wichtig. Im nächsten Kapitel werden wir die Rolle deiner Mutter ein wenig beleuchten und dann über Wege nachdenken, wie dir die gewonnenen Informationen zum Wachstum verhelfen können.

Der Blick in die Vergangenheit kann dir sehr dabei behilflich sein, als Mensch zu wachsen. Das würde dir zumindest meine Freundin Judy bestätigen. Vor einigen Jahren saß Judy in der Praxis eines Familientherapeuten und versuchte, ihrem Ärger auf ihren Mann Luft zu machen. Im Laufe der Sitzung kamen sie auf die Familie zu sprechen, in der Judy aufwuchs. Sie diskutierten über Judys gestörte Beziehung zu ihrem gewalttätigen Vater. Abschließend bemerkte der Therapeut: „Mir scheint, Sie sind auf den falschen Mann wütend!"

Es stellte sich heraus, dass er damit ins Schwarze getroffen hatte. Es war und ist für Judy ein hartes Stück Arbeit, sich durch den Berg von Scham, Wut und Verwirrung, die sie ihrem Vater gegenüber verspürt, hindurchzuarbeiten. Doch sie weiß, dass ihr Weg sie in

Richtung Freiheit führt. Und in Richtung Frieden. Und in Richtung einer heilen Persönlichkeit.

Vielleicht musst du wie Judy einen langen, ehrlichen Blick in die Vergangenheit werfen, damit du für die Reise in die Zukunft gut gerüstet bist.

---

[1] Die Vorlage für die Fragebögen war ein psychologischer Test zum Verhalten von Eltern, der von Earl S. Schaefer für das Gesundheitsministerium entwickelt wurde. Dr. Schaefers Vorstellung von Elternschaft unterschied sich sehr von meiner, deshalb konnte ich seine Konzepte und Fragestellungen nicht direkt übernehmen. Seine Vorgehensweise diente mir jedoch als Grundmodell, und auch einige seiner Details sind in meine Fragen eingeflossen. Ich stehe auch in der Schuld Dr. Robert Hutzells, klinischer Psychologe und Direktor einer Klinik für Verhaltensstörungen, der mir beim Entwerfen und Testen der Fragebögen behilflich war.

[2] Dr. Margo Maine, Fachärztin für Essstörungen am Kinderkrankenhaus in Newington, Connecticut, hat bei ihrer Arbeit mit Magersüchtigen ständig auch mit solchen Mädchen zu tun.

In einer Studie mit 39 magersüchtigen Mädchen hatten fast alle der Mädchen Väter, die ihnen nur wenig emotionale Unterstützung gaben. Fast die Hälfte der Väter zog sich wie Audreys Vater zurück, wenn die Mädchen in die Pubertät kamen. Für die Mädchen bedeutete das, dass sexuelle Entwicklung den Verlust des Vaters bedeutet. Sie kamen an den Punkt, wo sie wieder Kind werden wollten, um den Vater zurückzugewinnen. Das Hungern schien ihr Versuch zu sein, den Körper eines kleinen Mädchens wiederzubekommen und so die Liebe des Vaters festhalten zu wollen. (Berichtet von Mary Möhler: „A New Look at Anorexia" in Ladies Home Journal, April 1986, S. 74.)

[3] Earnie Larson: Why Does This Always Happen to Me? Buch 2 der Reihe „I Should Be Happy … Why Do I Hurt?", St. Paul, Minnesota: International Marriage Encounter, 1986, S. 6.

[4] Margaret Jaworski: „Growing Up With Alcoholism" in: Family Circle, 15. April, 1986, S. 20.

[5] Nancy Friday: My Mother, Myself. New York: Delacorte Press, 1977, S. 49.

7. Dein Vater und seine Frau

Der bekannte christliche Familienberater Charlie Shedd stand einige Jahre lang im Dienst eines psychiatrischen Krankenhauses. Während dieser Zeit hörte er einen Vortrag, der seine Herangehensweise an Elternschaft veränderte. Der Vortrag hatte den Titel „Die Bedeutung elterlicher Harmonie als wichtigste Quelle für emotionale Stabilität beim heranwachsenden Kind". Aus diesem Vortrag schlussfolgerte Shedd, dass seine wichtigste Aufgabe als Vater nicht war, für Nahrung und Obdach zu sorgen. Auch nicht, seine Kinder zu beschützen. Auch nicht, ein gutes Vorbild zu sein oder für Disziplin zu sorgen. Seine wichtigste Aufgabe war es, so beschloss er, die Mutter seiner Kinder von ganzem Herzen zu lieben.

Später sagte er: „Ich muss leider zugeben, dass ich vorher darüber noch nie nachgedacht hatte. Und als ich es dann tat, entdeckte ich eine furchtbare Wahrheit – ich war ein lausiger Liebhaber! Nicht, dass ich die Mutter meiner Kinder nicht geliebt hätte. Ich hatte es aber zugelassen, dass diese Tatsache von anderen Tatsachen in den Hintergrund gedrängt worden war. Ich ging zu Martha mit der größten Bitte um Vergebung, die man sich vorstellen kann."

Shedd ließ seiner Entschuldigung einen Plan folgen, der aus zwei Komponenten bestand. Erstens nahmen sich die Shedds vor, einmal pro Woche alleine abends essen zu gehen. Kein Besuch, keine Freunde. Zweitens wollten sie sich jeden Tag mindestens fünfzehn Minuten Zeit nehmen, um miteinander zu reden. „Das ist kein Geplauder über Rechnungen, die Kinder, Pläne fürs Wochenende", erklärt er. „Das Thema ist, was in uns vorgeht."[1] Indem er es lernte, seine Frau aufrichtig und nach Kräften zu lieben, machte Charlie Shedd auch seiner Tochter ein unbezahlbares Geschenk. Ein Vater, der seine Ehefrau achtet, Frauen allgemein respektiert und sich um seine Tochter kümmert, verkündet permanent eine Botschaft der Wertschätzung, die unüberhörbar ist.

Als ein schwedischer Wissenschaftler schwangere Mädchen und ihre Mütter interviewte, entdeckte er, dass die Mädchen aus dysfunktionalen Familien gestörte Beziehungen zu Männern hatten. Verglichen mit den Mädchen aus glücklichen Familien waren ihre Beziehungen weniger stabil und befriedigend, und sie hatten auch mehr Sexpartner vor ihrer ersten Schwangerschaft. Beim Geschlechtsverkehr kamen sie seltener zum Orgasmus. Am schwerwiegendsten jedoch war die Tatsache, dass sich diese Mädchen bei einem Streit der Eltern eher vom *Vater* als von der Mutter distanzierten.

Es ist wichtig, Frauen auch aus dem Blickwinkel der Beziehung eines Vaters zu seiner Frau und ihrer Einstellung zu ihm zu sehen.

Was war die „Botschaft" deines Vaters an dich?

Tu mal einen Moment lang so, als wäre alles, was du über den Wert von Frauen weißt, aus deinem Gedächtnis gelöscht. Dann stell dir vor, dass du deinen Wert als Frau nur daran erkennen kannst, wie dein Vater andere Frauen, insbesondere deine Mutter, behandelt hat.

Was wären deine Ergebnisse? Wenn dein Vater Charlie Shedd hieße, wäre Frau-Sein für dich wahrscheinlich eine sehr positive Erfahrung. Du wärst bereit, von den Männern, denen du begegnest, Freundlichkeit, Respekt und das Angebot einer wahren Partnerschaft zu empfangen. Und von deinem Ehemann würdest du Achtung und Liebe erwarten.

Sind das die Dinge, die du bei deinen Eltern beobachtet hast? Die Beziehung zu deinem Vater existierte nicht in einem Vakuum. Wie er mit deiner Mutter – und auch anderen Frauen – umging, kann einen großen Einfluss darauf gehabt haben, zu was für einer Frau du dich entwickelt hast.

Die Botschaft eines untreuen Ehemannes

Wendy sagte: „Ich erinnere mich nicht, dass mein Vater jemals ein freundliches Wort für meine Mutter übrig gehabt hätte. Seiner Meinung nach waren die Mahlzeiten immer falsch geplant, falsch gekocht, falsch serviert. Wenn sie das Haus putzte, ließ er sie wissen, dass sie es nicht oft genug täte. Wenn sie sich hübsch machte, kritisierte er die Wahl ihrer Kleider oder ihr Make-up. Er verlachte sie, wenn sie eine Idee hatte und beschnitt sie in ihrer Eigeninitiative. Ich frage mich oft, ob das alles etwas damit zu tun hat, dass ich gegen das Gefühl ankämpfe, Mutterschaft sei der Mühe einfach nicht wert!"

Es verstärkte Wendys Verwirrung noch, dass die einzigen Frauen, die ihr Vater bewunderte, ihre Sexualität offen zur Schau stellten. Er liebte anzügliche Witze über Frauen, die das genaue Gegenteil von Wendys Mutter waren. Obwohl es nie eindeutige Beweise für Affären gab, war es für die Familie und Freunde offensichtlich, dass Wendys Mutter für ihren Mann nicht attraktiv war – und andere Frauen es eindeutig waren.

Die Botschaft, die zu Wendy durchdrang, war diese: Ohne ein attraktives Äußeres und mit der Bürde von Kindern hast du keine Chance, die Liebe eines Mannes zu gewinnen und festzuhalten.

„Viele Jahre lang fand ich den Gedanken, Kinder zu bekommen, unerträglich", sagt Wendy. „Ich glaubte, dass Gott wollte, dass mein Mann und ich Kinder hätten, aber als ich dann schwanger wurde, bekam ich eine schwere Depression. Es dauerte Monate, bis ich den Grund für meine Gefühle gefunden hatte. Ich befürchtete, dass mein Mann das Interesse an mir verlieren würde, wenn wir Kinder hätten – so, wie mein Vater das Interesse an meiner Mutter verloren hatte. Oh, ich versteckte diese Angst unter einer Menge Selbstverwirklichungsgerede und erzählte allen, eben nie den Traum gehabt zu haben, selbst Mutter zu werden. Aber tief drinnen hatte ich Angst davor, das Leben meiner Mutter leben zu müssen und so schäbig behandelt zu werden wie sie. Wenn mein Vater sie respektiert hätte – was für einen Unterschied hätte das in meinem Leben gemacht!"

Die Botschaft eines herrischen Ehemannes

Maureen Green schreibt in ihrem Buch „Goodbye Father": „Der Typ
Mann, der seiner Frau in allem widerspricht, ihre Entscheidungen
nicht respektiert und sie bei jeder Gelegenheit vor den Kindern erniedrigt, zieht seine Tochter für die Klapsmühle groß."[2] Green übertreibt
vielleicht in ihrer Darstellung, aber das Problem, auf das sie damit
hinweist, ist sehr real.

Einige der unglücklichsten Frauen, die ich interviewt habe,
hatten ähnliche Antworten auf die Frage, was die Einstellung ihres
Vaters gegenüber Frauen ist. „Er denkt, dass Frauen dumm und nutz-
los sind – es sei denn, sie befriedigen die Bedürfnisse von Männern."
Oder: „Frauen sind nicht so viel wert wie Männer, aber das schloss
mich nicht ein, *solange ich tat, was er sagte.*" Diese Frauen erwarteten nicht, in der Männerwelt Beachtung zu finden, es sei denn, sie
könnten die Männer, mit denen sie lebten und arbeiteten, ausstechen.

Die Botschaft eines solchen Vaters ist diese: Frauen sollten das
Denken lieber den Männern überlassen.

Die Botschaft eines passiven Vaters

In Marlas Familie hatte die Mutter das Ruder fest in der Hand. Sie
trieb sowohl ihren Mann als auch die Kinder dazu an, ihre Erwartungen zu erfüllen. Sie entschied, wie das Geld ausgegeben, das Haus
eingerichtet, der Urlaub verbracht und der Freundeskreis zusammen-
gesetzt werden sollte. Marlas Vater zog sich in sein Büro zurück – er
wurde ein „Workaholic".

Marla sagt: „Schon früh begriff ich, dass Vater nichts tun würde, um den Aktionismus meiner Mutter zu stoppen. Klar, er war nett
und freundlich, aber aus dem, was er *nicht* tat, schlussfolgerte ich,
dass man sich im Notfall auf Männer nicht verlassen kann."

Candy, deren Vater ebenfalls ein Workaholic war, erinnert sich,
dass ihre Mutter sehr unter dem Gefühl litt, wertlos zu sein. „Euer
Vater zählt", sagte sie oft, „weil er das ganze Geld verdient. Ich bin
nicht wirklich wichtig." Und selbst als sie schwer depressiv wurde
und bei Candys Vater Hilfe suchte, ignorierte er sie einfach.

Die Botschaft dieses Typs Vater ist diese: Eine Frau kann von ihrem Mann keine Unterstützung erwarten, wenn sie im häuslichen oder emotionalen Bereich Probleme hat.

Eine Frau mit einem passiven Vater sagte es so: „Ich habe gelernt, dass man sich nur auf Frauen verlassen kann. Männer sind Unfälle auf der Suche nach einem Ort, wo sie sich ereignen können."

Die Botschaft eines Vaters, der seine Tochter an die erste Stelle setzt

Die Väter, die wir bis jetzt betrachtet haben, zeigten weder für ihre Frau noch für ihre Tochter Respekt. Einen genauso negativen Effekt kann es aber auch haben, wenn ein Vater seiner Tochter mehr Beachtung schenkt als seiner Frau.

Diese Erfahrung machte Amanda.

Amanda hätte ein Klon ihres Vaters sein können. Die gleichen himmelblauen Augen und blonden Haare. Die gleiche extrovertierte Persönlichkeit. Die gleiche unternehmerische, experimentierfreudige Lebenseinstellung. Vom ersten Tag an vergötterte ihr Vater sie. Selbst als Amanda noch ein Dreikäsehoch war, fand ihr Vater es schöner, mit ihr zusammenzusein als mit seiner Frau, die in allem so zögerlich schien. Und immer so pessimistisch. Das Kommunizieren mit ihr war so schwierig geworden, dass er aufgegeben hatte, es zu versuchen.

Aber mit Amanda redetet es sich leichter, und es machte auch viel mehr Spaß. Freunde bemerkten, wie oft er seine Tochter lobte, motivierte und umarmte. Doch ein Lob für seine Frau hörten sie aus seinem Mund nur selten, und öffentliche Demonstrationen seiner Zuneigung zu ihr sahen sie nie.

Der Vater, den wir hier beschreiben, missbrauchte seine Tochter nicht sexuell und hatte auch keine inzestuöse Beziehung mit ihr. Doch eine Frau mit dieser Art Vater sagte: „Was zwischen uns passierte, war emotionaler Inzest. Bei mir holte sich mein Vater die Wärme, Kommunikation und intellektuelle Stimulation, die er von meiner Mutter nicht bekam."

Die Erfahrung dieser Frau ist kein Einzelfall. Nach der Beschäftigung mit Dr. Mavis Hetheringtons Studie an Managerinnen, die allesamt sehr von ihren Vätern beeinflusst worden waren, schrieb eine Beobachterin: „Man wird das Gefühl nicht los, dass diese Männer bei ihren Töchtern die Kameradschaft suchten, die sie bei ihren Frauen nicht fanden."[3]

Irgendetwas kann mit einem dreißig- oder vierzigjährigen Mann nicht stimmen, der die Gesellschaft seiner achtjährigen Tochter der seiner erwachsenen Frau vorzieht. Wählt er die Tochter, weil ihre Erwartungen an ihn so niedrig sind, dass er nur wenig tun muss, um sie zu erfüllen? Oder macht ihm das gegenseitige Geben und Nehmen einer reifen, engen Beziehung Angst? Was immer der Grund sein mag, seine Aufmerksamkeiten können in der Tochter ein unbehagliches Gefühl von Triumph zusammen mit Schuld auslösen.

In ihrem Buch „Like Father, Like Daughter" erklärt Suzanne Fields: „(Ein Vater) weckt in seiner Tochter den Sinn für Abenteuer und vermittelt ihr das Wissen über die Unterschiede zwischen den Geschlechtern. Wenn er viel Zeit mit ihr verbringt, wird sie das andere Geschlecht in menschlichen Dimensionen begreifen anstatt es zu idealisieren. Ein Vater hilft seiner Tochter, ihre Weiblichkeit zu entdecken, indem er ihr seine Männlichkeit als Kontrast entgegenstellt. Diese männliche Zuwendung darf aber nicht nur ihr gegenüber zum Ausdruck kommen, sondern die Tochter muss sie auch in der Beziehung des Vaters zur Mutter sehen können ... Ein Vater, der anstatt mit seiner Frau mit seiner Tochter Zeit verbringt, fordert Schwierigkeiten geradezu heraus."[4]

Wenn ein Vater seiner Tochter näher ist als seiner Frau, schafft er die besten Voraussetzungen dafür, dass sich bei ihr Ängste bezüglich ihrer Sexualität einstellen. Sie hat die Aufmerksamkeit und die Gefühle ihres Vaters für sich gewonnen. Wird er sie auch sexuell bevorzugen, jetzt, da sie zur Frau wird?

Gott will, dass der Vater ein sicheres Versuchsgelände für die sich entwickelnde Sexualität der Tochter ist. Dr. John Musser erklärt, dass ein Mädchen beim unschuldigen Flirten mit dem Vater ihre neu entdeckten Fähigkeiten ausprobieren kann, ohne die Folge fürchten zu müssen. Sie weiß, dass er zur Mutter gehört, also kann sie ihre weiblichen Reize in dem Wissen einsetzen, dass das keine negativen Folgen haben wird. Er ist reif genug, ihre Weiblichkeit zu bejahen, ohne ihre kleinen Avancen zu ernst zu nehmen. Und seine Tochter weiß, dass sie nicht mit ihrer Mutter konkurrieren kann, wenn es um seine Zuneigung geht. Mutter hat sein Herz vor vielen Jahren erobert und hat es fest in ihrem Besitz. So sollte es zumindest sein. Wenn das bei deiner Mutter nicht zutraf, kann es sein, dass du große Angst vor deiner Sexualität hast.

Was dein Vater dir über deinen Wert als Frau vermittelte, muss mit dem übereinstimmen, was du in seiner Beziehung zu deiner Mutter und zu anderen Frauen beobachten konntest. Doch auch deine Mutter hatte einen großen Einfluss darauf, wie du dich deinem Vater gegen-über verhalten hast. Auch von ihr hast du Botschaften empfangen.

Wie verhielt sich deine Mutter deinem Vater gegenüber?

In seinem Buch „Father Power" sagt Dr. Henry Biller den Männern: „Für gewöhnlich hat deine Frau einen viel größeren Einfluss darauf, wie dich deine Kinder sehen, als dass du ihr Image beeinflussen könntest … Wenn deine Frau deine Qualitäten als Ehemann schätzt, kann das den Kindern eindrucksvoll vermitteln, dass du auch ein exzellenter Vater bist. Je glücklicher die Ehe, desto besser in der Regel die Beziehung eines Vaters zu seinen Kindern."[5]

Für Dr. Biller sind die Mütter diejenigen, die „Vater" definieren. Die meisten von uns verbrachten mehr Zeit mit ihrer Mutter als mit ihrem Vater, und so ist viel von unserer Haltung ihm gegenüber davon beeinflusst, was unsere Mutter von ihm dachte.

Angenommen, er arbeitete zehn Stunden am Tag. Sie könnte gesagt haben: „Wir haben so ein Glück, einen Vati zu haben, der so hart arbeitet, um uns zu versorgen." Oder aber: „Er ist so viel im Büro, weil er lieber Zeit mit seinen Kollegen verbringt als mit uns."

Wie sie deinen Vater darstellte, mag korrekt gewesen sein. Vielleicht war ihre Darstellung aber auch beschönigend oder verleumderisch. Wenn sie ihn dich durch eine rosafarbene Brille sehen ließ, kann es schwer für dich sein, Wahrheit von Unwahrheit zu trennen. Und wenn sie ihn als Monster, Faulpelz oder Egoisten hinstellte, weckte sie höchstwahrscheinlich die Erwartung in dir, von ihm – und vielleicht von allen Männern – schlecht behandelt zu werden.

Die Botschaft einer unglücklichen Ehefrau

Eine unglückliche Ehe belastet besonders die Beziehung der Kinder zu ihrem Vater. Die Töchter können aus den Kämpfen ihrer Eltern sogar noch größere Wunden davontragen als die Söhne.

Eine Gruppe von Wissenschaftlern bat sieben- bis fünfzehnjährige Kinder, ihre Gefühle sowohl dem Vater als auch der Mutter gegenüber zu beschreiben. Dann schätzten zwei Ärzte und eine Krankenschwester, die die Familien gut kannten, die Beziehung der Eltern zueinander ein. Wenn die Ehe positiv bewertet wurde, bezeugten die Mädchen positive Gefühle ihren Vätern gegenüber. Wurde die Ehe als eher schlecht eingestuft, hatten die Mädchen – aber nicht die Jungen – negative Gefühle gegenüber ihrem Vater.

Die Autorin Maureen Green beobachtet: „Es ist sehr leicht für eine boshafte oder einfach nur unglückliche Mutter, die Gefühle einer Tochter zu ihrem Vater negativ zu beeinflussen. Vermittelt sie dem Mädchen, dass Männer angsteinflößend, abstoßend oder einfach nur minderwertig sind, und der Vater tritt dem nicht entgegen und gewinnt die Sympathie und Liebe seiner Tochter, kann es sein, dass das Mädchen eine männliche Sicht auf das Leben nie verstehen oder tolerieren wird."[6]

Manchmal ist eine negative Darstellung des Vaters korrekt. Ist sie es nicht, kann sie der Trick einer Mutter sein, die ihre Identität und ihren Wert nur in der Kontrolle über ihr Kind findet. Sie sieht eine wachsende Zuneigung zum Vater als Bedrohung ihrer Kontrolle über die Liebe der Tochter, und das macht ihr Angst. Die Botschaft ist letztendlich etwa diese: Sich mit Männern einzulassen, führt ins Elend.

Die Botschaft einer Supermutter / Ehefrau

Eine sehr ehrliche Mutter gibt zu, eifersüchtig zu sein, weil ihre fünfjährige Tochter sagte, dass sie ihren Vater lieber mag als sie. „Ich versuche, ihre Zuneigung wiederzugewinnen, indem ich ihren Daddy aussteche. Ich bestehe darauf, ihr jeden Abend die Gute-Nacht-Geschichte vorzulesen. Ich trage sie auf meinen Schultern herum und ruiniere mir damit den Rücken. Jeden Morgen bringe ich sie zur Schule. Weil ich auch einen anstrengenden Beruf habe, bin ich total erschöpft. Aber ,geteilte Elternschaft' hat für mich einen schalen Beigeschmack bekommen. Ich möchte nicht zu Lasten der Zuneigung meiner Tochter teilen. Ich möchte ihre ganze Liebe, auch wenn ich eine ,Supermutter' sein muss, um sie zu bekommen."[7]

Diese Mutter erkannte noch rechtzeitig ihre Tendenz, zu viel Kontrolle über ihre Tochter ausüben zu wollen. Weniger selbstkritische Mütter würden vielleicht einen unterschwelligen, aber sehr wirkungsvollen Feldzug starten, um die alleinige Kontrolle über die Tochter zu erlangen. Sie sind zwar bereit, die *Pflichten* bei der Erziehung mit ihrem Mann zu teilen, aber der Vater soll keinen Anspruch auf die Liebe seiner Tochter haben.

Mütter wie diese sind wahrscheinlich wesentlich seltener als Väter, die bei der Erziehung der Tochter einfach keine Initiative übernehmen wollen. Und doch schaffen diese „Sabotage-Mütter" eine Distanz zwischen Vater und Tochter, die nicht nötig wäre. Wenn die Töchter erwachsen werden, entdecken sie, dass sie ihre Mütter übergehen (und manchmal verärgern) müssen, um den Vater so sehen zu können, wie er wirklich ist.

Die Tochter fühlt sich vor die Entscheidung gestellt, zwischen Mutter und Vater wählen zu müssen. Der Grund hierfür ist, dass Mutter keine Mühe gescheut hat, diese Botschaft zu senden: Loyalität deinem Vater gegenüber bedeutet Untreue mir gegenüber.

Die Botschaft einer „Puffer"-Ehefrau

Was passiert, wenn die Mutter darauf besteht, ihrer Tochter den Vater zu „übersetzen"? Oder wenn sie scheinbar Angst vor einer Konfrontation von Vater und Tochter hat?

Mädchen, deren Mütter immer die Vermittlerin spielten, verpassen die Chance zu lernen, wie man Dinge mit einem Mann ausficht. Oft haben sie später übertrieben viel Angst vor ärgerlichen Männern oder lernen es nie, selbstbewusst mit einem Mann zu diskutieren.

So wie Joy. „Ich bin immer viel zu ängstlich, Männern zu sagen, was ich denke. Und wenn ich es dann doch tue, übertreibe ich es meist mit dem selbstbewussten Auftreten, weil ich erwarte, dass sie mir nicht zuhören, wenn ich einfach nur ich selbst bin. Weil uns meine Mutter immer davor ‚beschützt' hat, mit Problemen oder Entschei- dungsfragen direkt zu unserem Vater zu gehen, denke ich, dass sich Männer für meine Sorgen nicht interessieren. Ein wenig Schroffheit von einem Mann lässt mich sofort das Weite suchen."

In ihrer Studie über Frauen ohne Väter beobachteten Elyce Wakerman und Holly Barrett, dass die Kindheit eine vorrangig weiblich geprägte Zeit ist. Erst zu Hause und dann in Schule und Kirchgemeinde sind es meist Frauen, die sich um uns kümmern und uns anleiten. „Vater", schreiben sie, „ist ein Geschenk, eine Autorität, dessen allabendliche Ankunft uns aus unserer Mutter-Bindung he- rauslöst, dessen Ermutigung uns unsere Möglichkeiten in jener ande- ren, fremden Welt erahnen lässt: die Welt außerhalb des Zuhauses und der Mutter."[8]

Die Autorinnen bemühten sich, in Worte zu fassen, was vaterlo- sen Mädchen am meisten fehlt. Sie kamen zu dem Schluss, dass es „Wagemut" ist. Und ein guter Teil dieses Mutes kann auch in jenen Mädchen noch vor sich hin schlummern, die von ihrer Mutter immer vor dem direkten Umgang mit ihrem Vater „beschützt" wurden.

Wähle die Botschaften, die für dich wichtig sind

Was lehrte dich dein Vater über Frauen – und damit über dich selbst – durch die Art, wie er mit deiner Mutter umging?

Und was hast du aus der Haltung deiner Mutter über deinen Vater und das, was er für dich empfand, gelernt?

Die Vater-Tochter-Beziehung ist kein Duett; sie ist ein Trio – mindestens. Nur wenn du die Botschaften deiner Eltern verstanden hast, kannst du entscheiden, was davon der Realität entsprach. Be- freit durch diese Wahrheit kannst du dann deine Zukunft gestalten.

[1] Charlie Shedd: *The Best Dad Is a Good Lover*. New York: Avon Books, 1978, S.9–10.

[2] Mauren Green*: Goodbye Father*. London und Henley: Routledge und Kegan Paul, 1976, S.14.

[3] Gail Sheehy: *Passages*. New York: E.P.Dutton and Company, Inc., 1974, S.323.

[4] Suzanne Fields: *Like Father, Like Daughter*. Boston: Little, Brown and Co., 1983, S.74–77.

[5] Henry Biller und Dennis Meredith: *Father Power*. New York: David McKay Co., Inc., 1974, S.74.

[6] Maureen Green: *Goodbye Father*, S.76.

[7] Ellen Sweet: „Mommy I Love Daddy More" in: *Redbook*, Mai 1985, S.112.

[8] Elyce Wakerman: *Fatherloss*. Garden City, New York: Doubleday und Co., 1984, S.183.

8. Der Blick zurück

Lila hatte gerade eine Woche zu Besuch bei ihrer Familie in Süddakota verbracht. Einige Ereignisse während ihres Aufenthalts weckten in ihr negative Erinnerungen an ihre Kindheit. Sie erinnerte sich an Enttäuschungen durch ihre Schwester und daran, dass ihre Eltern die Schwester schon als Kind immer vorgezogen hatten. Jetzt seufzt sie: „Ich frage mich, ob es sich lohnt, so in der Vergangenheit zu wühlen. Manchmal glaube ich, dass das mehr Probleme schafft als löst."

Als ich meine Vergangenheit in Bezug auf meine Familie und meinen Vater aufarbeitete, hatte ich mit genau demselben Problem wie Lila zu kämpfen. Als Christin fragte ich mich: Beugen wir uns den Theorien Sigmund Freuds anstatt vor dem Herrn, wenn wir in die Vergangenheit blicken? Ist es christlich, zuzugeben, dass sich unsere Väter uns gegenüber manchmal falsch verhalten haben, oder ist es entehrend, so zu denken?

Vielleicht beschäftigen diese Fragen auch andere Christen. Wenn du dich mit ihnen auseinandersetzen willst, habe ich hier einige Bibelstellen, die du dabei beachten solltest.

Christen sollen ihre Vergangenheit nicht „bewältigen", indem sie sie ignorieren.

Paulus sagte: „Eines aber tue ich: Ich vergesse, was dahinten, strecke mich aber aus nach dem, was vorn ist, und jage auf das Ziel zu" (Philipper 3,13-14).

Vielleicht sagen jetzt einige, dass Paulus uns rät, die Vergangenheit ruhen zu lassen, damit wir frei von ihr werden. Aber:

du kannst nicht vergeben oder vergessen, was du verdrängst;
du kannst keinen Ort verlassen, an dem du nie warst;

du kannst nicht loslassen, was du nie festgehalten hast;
du kannst keine Heilung für Wunden finden, die du ignorierst.

Paulus lebte mit Blick auf die Zukunft, aber er *verleugnete* oder *ignorierte* seine Vergangenheit nicht, nicht einmal seine wenig rühmlichen Taten. Er akzeptierte sowohl sein römisches als auch sein pharisäisches Erbe und sogar die Jahre, in denen er die Christen so grausam verfolgt hatte. Weil er es tat, konnte Gott auch diesen Aspekt von Paulus' persönlicher Geschichte nutzen, um die Verbreitung des Evangeliums voranzutreiben.

Gott will nicht, dass wir so tun, als ob wir nie gekränkt worden wären. Es ist nicht unchristlich, zu sagen, dass unser Vater Unrecht hatte.

Die christliche Schriftstellerin Elisabeth Elliot sagt dies: „Es kann keine Vergebung geben, wenn wir nicht anerkennen, dass gegen uns gesündigt wurde. Vergeben ist nicht gleich entschuldigen. Etwas entschuldigen heißt, die Sünde nicht als solche anzusehen – etwa zu sagen, dass es nicht so gemeint war oder die Person es ja nicht mit Absicht getan hat oder eben nicht anders konnte. Das führt oft dazu, die Person als unreif oder verantwortungslos darzustellen. Vergeben heißt zuallererst, der Wahrheit ins Auge zu blicken: das wurde mir angetan; dieser Mann handelte verantwortungslos; es war falsch. Dann heißt vergeben, die Person so zu behandeln, als wäre all das nie geschehen. Man muss zur Versöhnung bereit sein."[1]

Der Schreiber des ersten Buchs Mose zeigt, wie Joseph dieses Prinzip in seinem Leben umsetzte. Der kleine Joseph wurde von seinen Brüdern so sehr gehasst, dass sie ihn in die Sklaverei in ein fremdes Land verkauften. Wäre er dort gestorben, hätte das seine Brüder nur gefreut.

Wie konnte Joseph frei werden von seinem Zorn? Indem er ignorierte, was sie ihm angetan hatten? Die Schmerzen, die sie ihm zugefügt hatten, nicht beachtete? Indem er sich einredete, sie hätten nicht anders gekonnt und mit Minderwertigkeitskomplexen zu kämpfen gehabt, weil der Vater ihn, Joseph, am meisten liebte?

Nichts von alldem! Joseph stellte sich seinem Schmerz und gab seinen Brüdern dafür die volle Verantwortung. „Ihr zwar, ihr hattet Böses gegen mich beabsichtigt", sagte er, als sie sich vor ihm niederwarfen, „Gott aber hatte beabsichtigt, es zum Guten zu wenden"

(1. Mose 50,20). Er sagte nicht: „Seid doch nicht bedrückt. Wenn ihr mich nicht in die Sklaverei verkauft hättet, wäre ich nie reich und mächtig geworden." Oder: „Kommt schon, Jungs. War doch nur ein dummer Streich, richtig? Wenn ihr gewusst hättet, dass mich Elend und Gefängnis erwarten, hättet ihr es bestimmt nicht getan."

Nein. Joseph blickte zurück und erkannte die Wahrheit über ihr Verhalten ihm gegenüber. „Ihr hattet Böses gegen mich beabsichtigt …" Nachdem Joseph sich der Wahrheit gestellt hatte, konnte Gott ihn zu einer bemerkenswerten Demonstration von Barmherzigkeit und Mitleid gebrauchen.

Die Wunden zu erkennen, die dir dein Vater bewusst oder unbewusst zugefügt hat, kann dazu führen, dass du eine Zeit lang wütend auf ihn bist. Das kann beunruhigend sein, weil du vielleicht denkst, dass du nur das Schlechte und den negativen Einfluss deines Vaters siehst. Und doch ist es notwendig, das Negative an dich heranzulassen, damit du ehrlich und vergebend das Positive schätzen lernen kannst.

Ein Blick zurück, der Heilung bringt

Ob das Zurückblicken Heilung bringt oder nicht, hängt meiner Meinung nach davon ab, wie es geschieht. Earnie Larsen, ein Therapeut aus Minnesota, der sich auf die Betreuung erwachsener Kinder von Alkoholikern spezialisiert hat, hat einige exzellente Richtlinien für den Blick zurück auf unseren Vater entwickelt. Sie sind wie folgt.

Erstens suchen wir nicht nach einem Schuldigen.

Larsen erklärt: „Wir blicken nicht zurück, weil wir jemanden beschuldigen und sagen wollen: ‚Das hat mir diese Person angetan.' Solange wir andere beschuldigen, weisen wir jegliche Verantwortung von uns. Wir schauen aber nicht zurück, um Verantwortung loszuwerden, sondern um Verhaltensmuster zu verstehen, die in unserem Leben immer noch präsent sind und uns beeinflussen. Wir wollen nicht weniger, sondern mehr Verantwortung übernehmen."[2]

Zweitens gehen wir nicht in die Vergangenheit, um dort zu bleiben.

Mein Pastor in Kansas City erzählte mir von einem Freund, der ins Gelobte Land reiste und nie zurückkehrte. Er bestieg zwar das Flugzeug zurück nach Amerika und kam auch hier an, aber geistig machte er sich nicht auf die Heimreise. Nach diesem Urlaub war es so gut wie unmöglich, ein Gespräch mit ihm zu führen, ohne dass er in irgendeiner Weise auf Israel zu sprechen kam. Freunde mussten sich seine Dias ansehen, bis sie nicht mehr freundlich waren. Die Mitglieder seiner Gemeinde schlossen Wetten darüber ab, wann in der Predigt wohl die unvermeidliche „Als-ich-im-Gelobten-Land-war"-Geschichte käme.

Wenn wir unsere Familien unter die Lupe nehmen, können wir in dieselbe Falle geraten. Larsen warnt uns: „Manche Leute fangen an, zurückzublicken und kramen für den Rest ihres Lebens in ihrer Vergangenheit herum. Der Grund, warum wir zurückblicken, ist genau das Gegenteil davon: wir gehen zurück, um uns von der Vergangenheit zu lösen und im Leben voranzukommen. Wir wollen aufdekken und verstehen, damit wir die Vergangenheit loslassen können."[3]

Vertraue Jesus, dass er dir hilft, deinen Vater so zu sehen, wie er war. Manchen hat dabei auch ein guter Freund oder Therapeut helfen können. Sei aber bei der Suche nach dem richtigen Gesprächspartner davor auf der Hut, deine Perlen vor die Säue zu werfen. Du brauchst einen Zuhörer, der deine negativen wie positiven Gefühle akzeptieren kann, ohne sie dir ausreden zu wollen.

Wir leben im Zeitalter der Therapie. Es gibt mittlerweile mehr Therapieformen als Eissorten im italienischen Eiscafé, und deshalb möchte ich mir die Zeit nehmen, einige Faktoren zu beleuchten, die bei der Auswahl eines Therapeuten wichtig sind.

Einen Therapeuten auszuwählen heißt, Fragen zu stellen

Bei der Auswahl deines Therapeuten solltest du nicht einfach die Gelben Seiten aufschlagen oder dich auf die Informationen von Freunden verlassen. Achte darauf, dass der Therapeut die entsprechenden Qualifikationen aufweisen kann und schon über einige Jahre Berufserfahrung verfügt. Um das abzuklären, ist es ratsam, den Therapeuten zuerst um ein telefonisches Gespräch zu bitten.

Während dieses Gesprächs kannst du auch erfragen, auf welches Gebiet sich der Theapeut spezialisiert hat. Beschreibe dein Problem, um herauszufinden, ob er/sie sich damit auseinandersetzen kann und will.

Dr. Hutzell macht seinen Patienten auch Mut, den Therapeuten um eine Überweisung an einen Kollegen zu bitten, wenn die Therapie wirkungslos bleibt oder kein Vertrauensverhältnis zustande kommt. „Das ist für gewöhnlich peinlicher für den Patienten als für den Therapeuten", sagt er, „aber die Praxis des Überweisens ist nicht ungewöhnlich, und ein professioneller Therapeut wird damit umgehen können."

Wenn du Christ bist, fühlst du dich vielleicht bei einem Seelsorger wohler als bei einem Nichtchristen. Meine persönliche Erfahrung ist, dass ich einen christlichen Seelsorger vorzog, wenn ich über meine „geistlichen Kämpfe" reden wollte. Bei einem Nichtchristen hätte ich wahrscheinlich nicht frei geredet, um kein schlechtes Bild auf den Glauben zu werfen. Ich wollte kein schlechtes Zeugnis für Jesus sein.

Vielen Leuten wird von weltlichen Therapeuten jedoch immens geholfen. Es ist möglich, einen Therapeuten zu finden, der deinen Glauben respektiert, ohne sich mit ihm zu identifizieren. Wenn du dich für diesen Weg entscheidest, bedenke dies: eine vertrauensvolle Beziehung zum Therapeuten ist Voraussetzung jeder erfolgreichen Therapie.

Es ist auch wichtig, einen Therapeuten zu finden, der dir die Verantwortung für Wachstum und Veränderung überlässt, anstatt dich bewusst oder unbewusst von seiner Hilfe abhängig zu halten.

Es kann ein unglaublich schönes Gefühl sein, fünfzig Minuten allein mit einem einfühlsamen, aufmerksamen Menschen zu verbringen, der all seine Energie und Gedanken nur auf dich ausrichtet und dafür nichts weiter verlangt außer vielleicht einen Überweisungsschein von deinem Hausarzt. Dieses Gefühl ist so schön, dass es abhängig machen kann. Ein guter Therapeut wird zusammen mit dir definieren, was dein Problem darstellt und wie ihr beide merkt, dass es gelöst ist.

Ich bin sehr dankbar für die Therapeuten an den verschiedenen Stationen meiner Reise. Sie haben mir Fragen gestellt, auf die ich alleine nie gekommen wäre, und Alternativen vorgeschlagen, die ich mir alleine nie hätte ausdenken können. Sie haben mir wieder auf festen Boden geholfen, wenn ich in einem Sumpf aus negativen Gefühlen zu versinken drohte. Es ist gut möglich, dass auch du diese Erfahrungen machst.

Es lohnt sich auch, die Entscheidung, woher du dir Hilfe holst, zu umbeten! Der, der alles über dich weiß, kann dich zu der Hilfe leiten, die du brauchst, um zu wachsen. Er interessiert sich für deine Vergangenheit, weil er aus ihr deine Zukunft formen will.

Sich der Vergangenheit zu stellen, kann ein Weg sein, um zu Gott hin zu wachsen.

Ich bin zu der Erkenntnis gekommen, dass der Blick in die Vergangenheit kein Wahlfach in der Schule geistlichen Wachstums ist, sondern eine Notwendigkeit. Hier sind einige Gründe, warum ich das glaube.

Erstens ist es Gottes Methode, uns etwas über Ihn selbst zu lehren.

> *„Hört auf mich, die ihr der Gerechtigkeit nachjagt, die ihr den Herrn sucht! Blickt hin auf den Felsen, aus dem ihr gehauen, und auf den Brunnenschacht, aus dem ihr gegraben seid! Blickt hin auf Abraham, euren Vater, und auf Sara, die euch geboren hat! Denn ich rief ihn als einen einzelnen, und ich segnete ihn und mehrte ihn. Denn der Herr tröstet Zion, tröstet alle seine Trümmerstätten“ (Jesaja 51,1-3a).*

Gott gab den Kindern Israels diese Anweisung. Er wollte, dass sie auch in schwierigen Zeiten den Mut nicht verloren, indem sie sich daran erinnerten, wie treu Gott ihrem Vater Abraham gegenüber gewesen war. Gott kennt den Wert, der darin liegt, von den Stärken unserer Väter zu lernen.

Mein Vater war immer ein sehr großzügiger Mann. Rückblickend bin ich darüber total erstaunt, weil ich begreife, wie schwer das für ihn gewesen sein muss. Fast sein ganzes Leben lang hatte mein Vater zwei Jobs gleichzeitig, um uns alle acht zu ernähren. Wie leicht hätte er sein begrenztes Einkommen und seine große Familie als

Vorwand nehmen können, anderen nichts zu geben. Aber das tat er nicht. Meine Eltern gaben treu ihren Zehnten an die Kirchengemeinde, und darüber hinaus halfen sie den Menschen in ihrem Umfeld, die gerade Hilfe zu brauchen schienen.

Und irgendwie schafften sie es, die Farm abzubezahlen und uns sechs Kindern bei der Universitätsausbildung finanziell unter die Arme zu greifen. An dem, wie Gott ihre Großzügigkeit gesegnet hat, habe ich mit eigenen Augen gesehen, dass er Sein Versprechen hält, die Bedürfnisse derer zu erfüllen, die mit frohem Herzen teilen, was sie haben. Ihr Beispiel hat mich ermutigt, zu geben, wenn ich glaubte, wir könnten es nicht.

Gott will auch, dass wir aus den Schwächen unserer Väter lernen. In 1. Korinther 10,1-11 sagt Paulus den Gläubigen: „Denn ich will nicht, dass ihr in Unkenntnis darüber seid, Brüder, dass unsere Väter ... alle denselben geistlichen Trank tranken ... An den meisten von ihnen aber hatte Gott kein Wohlgefallen" (Verse 1-5). Paulus fährt mit der Aufforderung an seine Leser fort, das Beispiel ihrer Väter als Warnung zu sehen und ihr Herz nicht wie ihre Väter auf das Schlechte auszurichten:

> *Werdet auch nicht Götzendiener wie einige von ihnen ... Auch lasst uns nicht Unzucht treiben, wie einige von ihnen Unzucht trieben ... Lasst uns auch den Christus nicht versuchen, wie einige von ihnen ihn versuchten ... Murrt auch nicht, wie einige von ihnen murrten ...*

Paulus schlussfolgert: „Alles dies aber widerfuhr jenen als Vorbild und ist geschrieben worden zur Ermahnung für uns" (Vers 11).

Gott unterweist uns also auch, indem er uns die Seiten unserer Familie vor Augen führt, die wir lieber übersehen würden. Auch im Brief an die Hebräer berichtet Paulus von der Rebellion Israels in der Wüste und warnt seine Zuhörer davor, dem schlechten Beispiel ihrer Eltern zu folgen.

Es ist gut und nötig, dass wir das Positive unserer Vergangenheit herausstellen, aber Gott sagt uns auch, dass wir uns dem stellen sollen, was falsch war. Er bezweckt damit nicht, dass wir jemanden finden, dem wir die Schuld für unser verantwortungsloses Handeln in die Schuhe schieben können, sondern dass wir frei werden von zwanghaft wiederholtem falschen Verhalten.

Zweitens kann uns der Blick zurück davor bewahren, die Fehler unserer Väter zu wiederholen.

Abrahams unerschütterlicher Glaube an Gottes Versprechen war ein machtvolles Zeugnis für seinen Sohn Isaak, und der folgte dem Beispiel seines Vaters. Doch auch in einer anderen Angelegenheit tat er es seinem Vater gleich, und diesmal war Abrahams Verhalten nicht nachahmenswert.

Zweimal verpflichtete Abraham seine Frau Sara zu Liebesdiensten, um seine eigene Haut zu retten (vgl. 1. Mose 12,10-20 und 20, 1-17). Nur Gottes gnädiges Eingreifen bewahrte Sara ihre Reinheit.

Und wie es scheint, hatte Isaak sowohl die Schwächen als auch die Stärken seines Vaters verinnerlicht. Als er befürchtete, dass die Philister ihn töten würden, um an seine hübsche Frau heranzukommen (genau die Angst, die Abraham wegen Sara ausgestanden hatte!), log er und sagte, sie sei seine Schwester. Damit machte er sie nicht nur zu Freiwild für die Philister, sondern bediente sich auch genau derselben Lüge wie sein Vater (vgl. 1. Mose 26,1-15).

Ist es ein Wunder, dass Isaaks Sohn Jakob fast sein ganzes Leben lang unter den Folgen seiner Betrügereien litt? Sogar sein Name bedeutet: „er betrügt". In seinem starken Vertrauen in Gottes Versprechen folgte er der Familientradition, aber leider wurde auch das Übel der Lüge von einer Generation zur nächsten weitergegeben. Kein Wunder, dass Gott uns mahnt, uns an die Vergangenheit zu erinnern, damit wir aus dem Positiven wie dem Negativen lernen.

Wir müssen keine Sklaven unserer „Familientraditionen" sein. Nur weil dein Vater alle kritisierte, die nicht seiner Meinung waren, bedeutet das nicht, dass du dasselbe tun musst. Aber du wirst nicht beginnen, dich zu ändern, bis du aufhörst, seine Nörgeleien als „kritisches Urteilsvermögen" und seinen Stolz als „Selbstbewusstsein" zu bezeichnen. Übel muss beim Namen genannt werden, bevor es beseitigt werden kann.

Drittens macht uns der Blick zurück dafür bereit, unsere Väter so zu ehren, wie Gott es sich gedacht hat.

Es muss eine große Kraft darin liegen, das sechste Gebot zu halten und unsere Eltern zu ehren. Es ist dies das einzige der Zehn

Gebote, das Segen verspricht, wenn man es hält. Und auch im Neuen Testament taucht es wieder und wieder auf.

Wenn Gott uns auffordert, unsere Väter zu ehren, meint er damit jedoch keine blinde Verehrung. Gott hat keine Angst vor der Wahrheit.

Die Bibel sagt über David, dass er „getan hatte, was recht war in den Augen des Herrn, und von allem, was er ihm geboten hatte, nicht abgewichen war alle Tage seines Lebens, außer in der Sache mit Uria, dem Hetiter" (1. Könige 15,5). Wie du dich vielleicht erinnerst, war Uria der Mann, den David ermordet hatte, um dessen Frau Batseba zu rauben. Auch wenn Gott David allen anderen Männern als einen Mann nach Seinem Herzen vorzog, überging er doch nicht Davids Missetaten. Und weil er es nicht tat, können wir aus Davids Fehlern genauso viel lernen wie aus seinen Erfolgen.

Genauso wie Gott David nicht entehrte, weil er dessen Sünde mit Batseba aufdeckte, entehren wir unsere Väter nicht, wenn wir versuchen, sie so zu sehen, wie Gott sie sieht. Natürlich entspricht es auch nicht Gottes Perspektive, wenn wir nur die Fehler unserer Väter sehen. Davids Tat war abscheulich, aber Gott vergab ihm und sprach voller Liebe von ihm.

Letztendlich sollte es mit uns und unseren Vätern genauso sein.Mit den Unzulänglichkeiten meines Vaters ins Reine zu kommen, hat mich dazu befähigt, ihn mehr zu ehren, als ich das vorher je konnte. Ich weiß, dass er nicht perfekt ist, und erwarte auch nicht mehr, dass er es ist. Er ist nur ein menschlicher Elternteil – wie *ich* –, der versucht hat, aus den vorhandenen Mitteln das Beste zu machen – wie ich. Aus dieser Perspektive sehe ich mit Liebe und Dankbarkeit auf das, was er war und was er nicht war und wie Gott das alles benutzt hat, um mich näher zu ihm, dem Himmlischen Vater, zu ziehen.

Meinen Vater als Werkzeug in Gottes Hand zu sehen, führte dazu, dass ich ihm den Ehrenplatz geben kann, den Gott ihm zugedacht hat.

---

[1] Elisabeth Elliot: The Mark of a Man. Old Tappan, New Jersey: Fleming Revell Co., 1981, S. 139.

[2] Earnie Larsen: Why Does This Always Happen to Me? Band 2 der Reihe „I Should Be Happy ... Why do I Hurt?". St. Paul, Minnesota: International Marriage Encounter, Copyright 1986, S. 4–5.
[3] Ebenda, S. 5.

9. Selig sind die Trauernden

Wenn dein Vater – wissentlich oder unwissentlich – eine Quelle emotionaler Schmerzen war, könntest du eine Frau sein, deren Kindheitsdefizite nie ausgeglichen wurden. Vielleicht hast du erkannt, dass die Unzulänglichkeiten deines Vaters bei dir Gefühle der Unsicherheit, der Wertlosigkeit, der Einsamkeit, mangelndes Vertrauen in deine Weiblichkeit oder andere Wunden hinterlassen haben. Aber was nun?

Wie eine Frau mir sagte: „Ich weiß, dass die Wahrheit mich frei machen sollte, aber bis jetzt hat sie mich nur deprimiert." Sie braucht Anleitung, damit Heilung beginnen kann.

Der erste Schritt in Richtung Heilung ist wahrscheinlich nicht das, was du erwartest. Um die Lücken auszufüllen, die dein Vater hinterlassen hat, musst du dich ihnen zuerst stellen, sie an dich heranlassen. Der Prozess, den ich beschreibe, ist das Trauern. Darauf wies auch Anne Morrow Lindbergh mit den Worten hin: „Ich glaube nicht, dass wir aus dem Leiden lernen. Wenn das Leiden allein uns etwas lehren würde, wäre alle Welt weise, da jeder Mensch auch leidet. Zum Leiden muss aber das Trauern kommen …"[1]

Alternativen zum Trauern

Es kostet Anstrengung, unsere Verluste zu betrauern. Zu dieser Anstrengung werden wir aber kaum ermutigt, weil wir in einer betäubten Gesellschaft leben. Zu schnell füllen wir unsere Leere mit Lärm, Aktivitäten oder „Unterhaltung" und hoffen, dass uns das unempfindlich macht gegen das, was uns verletzt hat. Vielleicht versuchen wir deshalb so verzweifelt, den Schmerz zuzudecken, weil wir nicht wissen, wie wir ihn konstruktiv nutzen können. Wir wissen nicht, wie oder warum wir unsere Enttäuschungen betrauern sollen, also lassen wir es entweder zu, dass unser Schmerz uns zerstört, oder wir versuchen angestrengt, ihn zu ignorieren.

Es gibt viele Alternativen dazu, unseren Schmerz über Enttäuschungen konstruktiv zu nutzen. Wir können uns in *Wut und Schuldzuweisungen* flüchten. Wut besitzt ein großes Machtpotenzial, so viel, dass sie den Verlustschmerz komplett überdecken kann. Viele der Bücher, die ich zum Thema Töchter und Väter gelesen habe, endeten hier: „Weil mein Vater mich nicht geliebt hat ... oder mich nicht ermutigt hat ... oder nicht bei uns geblieben ist ... ist mein Leben ruiniert!"

Jammern („Wenn ich doch nur ...") ist eine andere Strategie, um Schmerz zu betäuben. Diejenigen, die sich ins Jammern flüchten, schwelgen in sinnlosem Bedauern und beweinen sich selbst. „Wenn ich nur einen zärtlicheren Vater gehabt hätte, könnte ich jetzt meine Gefühle besser zeigen ..."

Beschäftigt-Sein ist eine weitere Alternative, unserem Schmerz zu begegnen. Hast du je beobachtet, wie sich frisch geschiedene Männer und Frauen kopfüber in Verabredungen und Aktivitäten stürzen, um dem Schmerz zu entkommen? Diejenigen unter uns, die Wunden aus den Jahren ihrer Entwicklung mit sich herumtragen, zeigen vielleicht dieselbe Abwehrreaktion.

Eine vierte Abwehrstrategie ist *innerliche Taubheit*. „Mein Vater war nicht der Beste, aber das stört mich nicht weiter." Psychologen nennen dies Isolation. Wir lassen unsere Erinnerungen zu, aber wir nehmen ihnen den Stachel, indem wir jegliches Gefühl aus ihnen herausfiltern und so tun, als hätten sie uns nie Schmerzen bereitet.

Aber beim Tod von Lazarus, sagt uns die Bibel, „weinte Jesus". Und als er die Nachricht des grausamen Mordes an seinem Freund Johannes dem Täufer erhielt, ging er an einen einsamen Ort. Ich bin sicher, dass er die Einsamkeit suchte, damit der Schmerz um Johannes ihn durchdringen und er so Gottes Trost erfahren konnte.

Wenn es um unsere Väter geht, ist ihr physischer Tod jedoch oft nicht der Grund für unsere Trauer. Vielleicht bist du traurig über den Verlust väterlichen Rats oder Schutzes, über den Verlust seiner

Freundschaft, Hilfe oder Weisheit. Jeder dieser Mängel kann dich verletzt haben.

Einiges, was wir betrauern, kann überwältigend, extrem, unerträglich erscheinen. So ging es Marty. Ihre Geschichte ist mit ihren eigenen Worten wiedergegeben. Obwohl du vielleicht nicht ihre schrecklichen Erlebnisse teilst – sie wurde Opfer von Inzest –, kann dein Schmerz genauso real sein wie ihrer.[2] Wie Marty mit ihrem Schmerz umgeht, ist ein gutes Beispiel dafür, wie man sich seinen Verletzungen stellen kann und auch dafür, wie man sie vor Gott, den Heiland, bringt.[3]

Die Trauer einer Frau

Als ich mich nach mehr als 30 Jahren der Amnesie und drei Jahren Therapie endlich an den Missbrauch in meiner Kindheit erinnern konnte, sehnte sich ein Teil von mir nach einem Ritual, um diesen Lebensabschnitt abzuhaken, die Gegenwart zu feiern und den Weg in die Zukunft zu bahnen.

Ich wollte so handeln wie jemand, dem das Kind gestorben ist, weil ein Teil von mir, das Kind, getötet wurde. In unserer Gegend ist es Brauch, dass kleine Mitteilungskarten gedruckt werden, die über den Tod eines Menschen und die Begräbnisformalitäten informieren. Diese Karten werden dann in den Geschäften ausgelegt und teilen so der Öffentlichkeit mit, dass jemand einen lieben Menschen verloren hat. Ich wollte genau diese öffentliche Anerkennung. Ich wollte, dass mir die Nachbarn Selbstgebackenes ins Haus bringen. Ich wollte eine Totenwache und ein Begräbnis und dass meine Familie mit mir trauert. Das alles ist unmöglich. Anstelle dieses Rituals entstand in mir das folgende Gebet.

Das Gebet

Gott, mein Herz ist so gebrochen. Es fällt mir so schwer, anderen zu vertrauen, sogar dir. Hilf mir, offen zu sein. Hilf mir auch, mit dem Zorn umzugehen. Ich bin so wütend auf ihn wegen dem, was er mir

angetan hat. Ich bin so wütend auf sie, weil ich nie auch nur ahnte,
dass ich ihre Liebe verdiente. Und ich wurde gelehrt, dass Zorn
eine Sünde ist.

Zuzugeben, dass ich zornig bin, weckt in mir sofort wieder
Schuldgefühle. Ich muss lernen, dass Zorn menschlich ist, nicht Zei-
chen meiner Verderbtheit. Hilf mir, Gott!

Marty, hör mir zu. Du hast ein Recht auf deinen Zorn. Dein
Schmerz ist gewaltig, aber ich verstehe dich. Ich werde dir helfen,
heil zu werden.

Aber Gott, ich habe so viel verpasst! Ich möchte eine glückli-
che Kindheit. Ich möchte eine Mutter und einen Vater, die mich
lieben. Oh Gott, ich möchte, was ich niemals haben kann.

Was sie dir angetan haben, ist eine große Sünde. Doch jetzt
triffst du eigene Entscheidungen für deine Zukunft. Im Licht meiner
Liebe baust du dir ein neues Leben. Ich bin sehr stolz auf dich.
Verzweifle nicht. Ich war und bin bei dir und verspreche, dass ich
auch bei dir bleiben werde.

Ich möchte ja glauben. Jeden Tag entscheide ich mich für die
Zukunft, aber es ist so schwer, sich an die Wut und den Schmerz zu
erinnern, dass ich die Erinnerungen manchmal nicht loslassen kann.
Ich habe Angst, wieder zu vergessen. Wie soll ich ohne Schmerz, ohne
Zorn, ohne eine Familie leben? Ich schaffe es nicht allein.

Dies verspreche ich dir: Ich bin dein Licht und deine Rettung.
Du brauchst keine Angst zu haben. Ich werde dich niemals verlassen.
Ich werde dich niemals aufgeben. Auch wenn dich dein Vater und
deine Mutter verlassen haben – ich werde immer für dich da sein. Du
kannst mir glauben; du wirst in deinem Leben Gutes sehen. Setz
deine Hoffnung auf mich. Sei stark.

Ich versuche es ja, Gott, aber da ist dieses unerträgliche Ge-
fühl des Versagens. Wieder und wieder rutsche ich zurück und will
nicht länger leben. Bitte, Gott, bist du sicher, dass es der Mühe wert
ist? Erinnerst du dich überhaupt an mich?

Still, Marty. Vergisst eine Frau ihr Baby oder sorgt sie nicht
liebevoll für die Tochter ihres Leibes? Selbst wenn manche Frauen
ihre Kinder vergessen – ich werde dich nie vergessen. Alles wird gut.
Ich bin da.

Gut, ich werde neu beginnen, Gott. Ich konnte nicht heil wer-
den, solange die Quelle meines Schmerzes im Dunkeln lag. Jetzt

kenne ich sie. Danke, Gott, dass ich jetzt um sie weiß. Danke für die Erinnerungen. Immer hast du alles gewusst und mich nie verlassen. Ich verstehe das nicht ganz, aber danke. Ich werde versuchen, an dich zu glauben und – so viel schwerer – an mich zu glauben. Zusammen werden wir heilen, jeden Tag ein bisschen mehr.

Gott möchte, dass wir ehrlich sind

Die Worte, die du eben gelesen hast, dokumentieren einen ehrlichen Trauerprozess. Indem sie ihr Herz öffnete, hat Marty einen Schritt gewagt, zu dem vielen von uns der Mut fehlt, und ich glaube, dass Gott sich sehr über Martys Ehrlichkeit gefreut hat. Als C. S. Lewis nach dem Tod seiner geliebten Ehefrau Joy seine Gefühle niederschrieb, veröffentlichte er sie unter einem Pseudonym, weil er befürchtete, dass sie so „unchristlich" klangen, dass seine Leser sie nur schwer von jemandem akzeptieren könnten, der überzeugter Christ war.

Wir finden jedoch auch im Buch Hiob und den Psalmen fromme Menschen, die sich klagend, trauernd, zweifelnd und anschuldigend durch Enttäuschungen und Verluste hindurch zum Vertrauen in Gott durchkämpften. Und jedem von ihnen, der seine Wut und Schuld und Zweifel zu Gott brachte, gab Gott bereitwillig Antwort.

Die wunderbare Wahrheit ist, dass Gott bereit ist, uns zu trösten. Jesus sagte: „Gesegnet sind die Trauernden, denn sie werden getröstet werden." Jesus versprach nur denen Trost, die den Mut und das Vertrauen haben, ihre Verluste zu betrauern. Und wenn wir dem Schmerz zerstörter Träume voll ins Gesicht geschaut haben, nimmt seine Macht über uns ab. Vielleicht ist das eine gute Definition für das Trauern: deinem Verlust voll ins Gesicht schauen.

Wenn wir das tun, tröstet uns Gott. Eines meiner Lieblingsbilder von Gott wird in 2.Korinther 1,3 gezeichnet, wo er als „Vater der Erbarmungen und Gott allen Trostes" bezeichnet wird. Vielleicht spricht mich dieses Wort deshalb so an, weil ich als Kind ein unbeheiztes Schlafzimmer im Dachgeschoss eines alten Farmhauses mit meiner Schwester teilte. Im Winter wäre es eine echte Strafe für uns gewesen, auf unser Zimmer geschickt zu werden, weil es dort oben eisig kalt war! Von November bis März betraten wir unser

Zimmer kaum, außer um ins Bett zu gehen. Und was uns während dieser Monate vor den kalten Nächten schützte, war ein Stapel dicker Steppdecken, die unsere Großmutter genäht hatte.[4] Ich kann immer noch die Augen schließen und mich unter diese Decken schlüpfen sehen, wo ich mich wie in einen Kokon einkuschelte. Gott will mein Schutz gegen die Kälte sein, die Leid und Verlust nach sich ziehen. Er will mich beschützen und mich wärmen und mir Ruhe geben. Er ist mein Tröster und mein Zufluchtsort und denen nahe, die trauern.

Wie man trauert

Therapeuten beobachten drei Schritte beim Trauerprozess.

Der erste Schritt ist, den Schmerz zuzugeben.

Ingrid Trobisch schrieb: „Mein Vater starb während des Ersten Weltkriegs und wurde in einem einsamen Grab in Dar-es-Salaam, Ostafrika, beigesetzt. Ich war damals erst sechzehn und hatte in der so wichtigen Pubertätsphase, wo eine Tochter die Liebe und Bestätigung ihres Vaters so dringend braucht, plötzlich keinen Vater mehr. Ich kann mich nicht erinnern, geweint zu haben, als wir die Nachricht seines Todes erhielten. Ich riss mich zusammen und dachte, dass es meine Aufgabe sei, meine Mutter und die jüngeren Geschwister zu trösten. Mein Vater war immer mein Held gewesen. Ich nehme an, dass ich auch versuchte, ein Held zu sein, indem ich mir nicht gestattete, um ihn zu trauern.

Dreißig Jahre später saß ich eines Tages allein vor dem Fernseher und sah den Film ‚A Tree Grows in Brooklyn'. Alle Dämme in mir brachen, als ich mit dem zwölfjährigen Mädchen um ihren toten Vater weinte. Es schien Stunden zu dauern, bis ich aufhören konnte zu weinen. Jetzt begreife ich, dass das eine Vorbereitung auf den Tod meines Mannes ein paar Jahre später war. Wie hätte ich mit einem neuen Verlust umgehen können, ohne den ersten betrauert zu haben?"[5]

Frau Trobisch verstand, wie wichtig es ist, sich dem Verlustschmerz hinzugeben, auch wenn der Verlust schon so lange zurückliegt.

Der zweite Schritt des Trauerns ist, den Verlustschmerz an sich heranzulassen.

Nachdem sie sich damit beschäftigt hatte, wie ihr Vater sie beeinflusst hat, schrieb mir eine Frau: „Meine Trauer bezieht sich nicht auf Begebenheiten aus der Vergangenheit, sondern auf das Ende von Illusionen wie: Ich bin eine extrem reife und verantwortungsbewusste Frau. Meine Vergangenheit hat mich nicht negativ beeinflusst. Ich bin beeindruckend. Mein Vater ist nur ein unschuldiger kleiner Junge, der mich braucht. Meine Mutter tat ihr Bestes. Ich habe vergeben und vergessen. Ich brauche niemand."

Ihre Gefühle beschrieb sie so: „Ich habe mich auf eine Reise begeben, die mein Leben verändert. Ich bin in mehr kalte Wasser gestürzt worden, als ich freiwillig hineingesprungen wäre. Ich habe mich mit vielem auseinandergesetzt: mit meiner Mutter, meinen Erinnerungen, meiner Scham, meiner Angst, meiner falschen Art, mit Männern und Frauen umzugehen, mit meinen Sehnsüchten, meinem Zorn, meiner Verletzbarkeit, meinen Tränen. Und in all dem taten sich enorme Zweifel und Fragen auf, was Gott betrifft. (Doch) er gab mir genug Mut, die Reise anzutreten." Dann gab sie zu: „Nichts in meinem Leben hat mich mehr Mut gekostet, als die vergangenen fünf Monate ehrlich zu durchleben." Es braucht Mut, sich Schmerzen zu stellen.

Ich dachte, keinen Verlust oder Mangel zu spüren, als ich Schwächen in der Beziehung zu meinem Vater aufdeckte. Als ich jedoch Frauen über ihre Väter befragte, erstaunten mich meine spontanen Reaktionen auf ihre Geschichten. Stieß ich auf eine Frau mit einer idyllischen Vaterbeziehung, begann ich, auf ihr herumzuhacken. Diese Frauen mochte ich von allen, mit denen ich sprach, am wenigsten. Später ging mir ein Licht auf. Diese Frauen waren nicht generell unsympathisch – ich war nur neidisch auf die enge Beziehung zwischen ihnen und ihren Vätern und wollte es nicht zugeben! Meine Reaktion zeigte mir, dass ich Wunden hatte, die ich versuchte zu ignorieren.

Den Schmerz zuzulassen kann bedeuten, zu sagen: „ich bin verletzt" oder „ich bin wütend" oder „ich bin enttäuscht". Vielen Frauen hilft es, wenn sie ihre Gefühle niederschreiben. Andere teilen sich einer Vertrauensperson mit.

Der letzte Schritt beim Trauern ist, den Schmerz loszulassen.

In den folgenden Kapiteln wirst du Wege entdecken, die dich über das Trauern hinausführen. Du wirst entdecken, wie du deinem Vater vergeben kannst und wie Gott dich durch sein Wort und seine Familie väterlich leiten will.

Doch bedenke erst einmal dies: In Jesus Christus findest du genug Kraft, um den Tod deiner Illusion, einen perfekten Vater gehabt zu haben, zu betrauern. Gott hat versprochen: „Wenn du durchs Wasser gehst, bin ich bei dir, und durch Ströme, sie werden dich nicht überfluten. Wenn du durchs Feuer gehst, wirst du nicht versengt werden, und die Flamme wird dich nicht verbrennen" (Jesaja 43,2). Wenn du es zulässt, dass der Schmerz über das, was dir entgangen ist, dich berührt, kannst du dazu befreit werden, ihn loszulassen. Deine Enttäuschung brauchst du nicht verleugnen oder für nichtig erklären oder übertünchen. Sie kann – sie muss – betrauert werden, damit Heilung beginnen kann.

Eine Konfrontation mit deinem Vater abwägen

Deinen Schmerz zu verstehen, führt unweigerlich zu der Frage, ob du deinem Vater davon erzählen solltest. H. Norman Wright, Ehe- und Familienberater, gibt in seinem ausgezeichneten Buch „Always Daddys Girl" in dieser Angelegenheit Rat.[6] Er gibt einige Fragen zu bedenken, die sich Frauen stellen sollten, die sich fragen, ob und wie sie durch ihre Väter verletzt wurden. Einige dieser Fragen sind:

> Über welche Erlebnisse würdest du gern mit deinem Vater sprechen?
> Was erhoffst du dir davon, wenn ihr darüber redet?
> Welche Reaktion erhoffst du dir von ihm?
> Wie könnte dich das Gespräch mit ihm verändern?
> Wie wirst du mit einer negativen Reaktion seinerseits umgehen?

Kannst du dich ihm mitteilen um des Mitteilens willen, ohne dass dich eine eventuell negative Reaktion zu sehr aus der Bahn wirft?

Diese Fragen halte ich für extrem wichtig, weil nicht jede Tochter jubilierend aus einer Konfrontation mit ihrem Vater hervorgehen wird.

Janets Vater verließ ihre Mutter, als Janet ein Jahr alt war. Janet wuchs heran und war erst Papas kleines Mädchen und dann seine kleine Frau. Als sie dreizehn war, erwartete er von ihr, dass sie seine beste Zuhörerin, Ratgeberin und Sexualtherapeutin war. Ihre Treffen bestanden nur darin, dass er ihr sein Herz ausschüttete über all die Schwierigkeiten mit den Dutzenden von Frauen, mit denen er ausgegangen war und geschlafen hatte.

Janet sagte: „Vor etwa einem Jahr, als ich gezwungen wurde, mich ernsthaft mit meiner Vergangenheit, meiner Sexualität und meinen tiefsten Gefühlen auseinanderzusetzen, sagte ich ihm – nicht wütend, sondern fast flehend –, dass ich nichts mehr von seinen sexuellen Problemen oder Ansichten hören wollte. Er zerriss mich förmlich in der Luft mit Anklagen und Schuldzuweisungen: ‚Wenn ich erst tot bin, wird es dir Leid tun, dass du dich nicht um mich gekümmert hast!‘, oder: ‚Ich dachte, dir liegt etwas an mir!‘. Seitdem habe ich nichts von ihm gehört. Ich habe ihm zwar zu den Feiertagen Karten geschickt, aber dem Drang widerstanden, ihn anzurufen und mich für die erste Grenze, die ich in unserer Beziehung gesetzt habe, zu entschuldigen. Kann sein, dass es die letzte ist.“

Dr. Wright macht deutlich, dass eine Konfrontation zwei sehr verschiedene Formen annehmen kann.

In einer *indirekten Konfrontation* verleihst du deinen Gefühlen Ausdruck, ohne deinem Vater gegenüberzustehen. Es kann bedeuten, ihm einen Brief zu schreiben, den du einem leeren Stuhl, einem Kassettenrekorder oder einer Freundin vorliest, aber nicht abschickst. Für viele Frauen ist es eine große Erleichterung, ihren Gefühlen auf diesem Wege Ausdruck zu verleihen.

Eine *direkte* Konfrontation kann per Brief, per Telefon oder von Angesicht zu Angesicht geschehen. Dr. Wright empfiehlt, in jedem Fall aufzuschreiben, was du sagen willst. Mach eine Liste mit dem, was du von deinem Vater erwartet hast als du klein warst und nie bekommen hast, und schreib auch auf, was du jetzt von ihm willst.

Diesen Rat finde ich klug. Er kann dich schützen, aber auch eine Geste der Freundschaft gegenüber deinem Vater sein. Die Tochter meines Freundes Don schrieb ihm einen Brief, um ihn auf Missverständnisse in der Vergangenheit aufmerksam zu machen. Nach dem Lesen des Briefes war Don jedoch unsicher, welche Veränderungen sich seine Tochter bei ihm wünschte.

Denke auch sorgfältig darüber nach, wie dein Vater reagieren könnte und wie du mit den verschiedenen Reaktionen umgehen würdest. Vielleicht gesteht er seine Schuld ein und bittet dich um Vergebung. Doch vielleicht besteht er auch wie Janets Vater darauf, dass die Schuld bei dir liegt. Oder er zuckt wie der Vater einer Freundin ausdruckslos mit den Schultern und sagt: „Na gut, *wenn* ich was falsch gemacht habe, tut es mir Leid."

Nur weil du vielleicht keine Entschuldigung bekommst, war eine direkte Konfrontation noch lange nicht die falsche Wahl. Dr. Wright hält sie für notwendig, wenn du von deinem Vater noch immer auf irgendeine Weise missbraucht wirst oder so von ihm kontrolliert wirst, dass du keine eigenständige Persönlichkeit sein kannst oder in Angst vor ihm lebst. Janet hat vielleicht seit ihrer Konfrontation nichts von ihrem Vater gehört, aber sie hat auf dem Weg zur Heilung seitdem enorme Fortschritte gemacht. Ich glaube, dass die Konfrontation ein Grund hierfür ist.

Eine Konfrontation kann schwierig sein. Oft ist sie jedoch nicht annähernd so schwierig wie die Entscheidung zu vergeben. Weil zu vergeben uns so schwerfällt, verdient es ein Kapitel für sich! Es lohnt sich, über Vergebung nachzudenken, weil sie das Ende der Trauer und den Beginn der Freude bedeuten kann.

[1]   Ingrid Trobisch: *Learning to Walk Alone*. Ann Arbor, Michigan: Servant Books, 1985, S. 65.

[2]   Frauen, die Martys Erfahrung von sexuellem Missbrauch teilen, empfehle ich das Buch *Child Sexual Abuses: A Hope for Healing* von Maxine Hancock und Karen Burton Mains. Wheaton, Illinois: Harold Shaw Publishers, 1987.

[3]   Marty Green, Pseudonym: „Liturgy for A Lost Childhood" in: *Praying*, 10. September, 1986, S. 19 und 30.

[4]   Im Englischen wird dasselbe Wort für „Tröster" und für „Steppdecke" verwendet, nämlich „comforter".

[5]   Trobisch, S. 90. Frauen, deren Väter gestorben sind, finden in diesem Buch eine wertvolle Hilfe: *Fatherloss. Daughters Discuss the Man That Got Away* von Elyce Wakerman. Garden City, New York: Doubleday und Co., 1984.

[6]   H. Norman Wright: *Always Daddys Girl*. Ventura, Kalifornien: Regal Books, 1989.

10. Vergeben:
Dein Weg in die Freiheit

Kürzlich ergab eine Zählung, dass es in Amerika jetzt mehr Rechtsanwälte als Ärzte gibt. Es scheint, dass Amerikaner mehr daran liegt, es jemandem heimzuzahlen, als gesund zu werden.

In einem Land, dessen Bürger auf den Grundsatz „Gerechtigkeit für alle" schwören, haben es Gnade und Barmherzigkeit schwer, Gehör zu finden. Vielleicht ist das der Grund dafür, warum ich manchmal von Predigten über Vergebung genug habe. Wenn ich weiß, dass mir Unrecht getan wurde, will meine menschliche Seite Versöhnung erst, nachdem ich mich gerächt habe.

Marsha schien jedes Recht zu haben, sich an ihrem Vater rächen zu wollen. Wegen ihm bestand ihr Leben aus neunundzwanzig Jahren Chaos. Marsha war das Ergebnis einer kurzlebigen Affäre zwischen ihrer Mutter und ihrem Vater, einem verheirateten Mann, der vorgab, seine Frau verlassen zu wollen. Das änderte sich natürlich abrupt, als ihre Treffen eine Schwangerschaft zur Folge hatten. Voller Angst und jetzt allein, entschied sich Marshas Mutter, ihr Baby zur Adoption freizugeben. Doch Marshas Adoptiveltern ließen sich bald scheiden, und Marsha war der physischen Gewalt ihrer Adoptivmutter und sexuellen Übergriffen von deren wechselnden Freunden ausgesetzt.

Viel später versuchte sie, die Puzzleteile ihres Lebens zusammenzusetzen und beschloss, nach ihrem leiblichen Vater zu suchen. Sie fand einen Alkoholiker, der aufgrund seiner Leberzirrhose im Sterben lag. Als sie ihm sagte, wer sie war, schaute er sie nur ausdruckslos an und bat sie, den Namen ihrer Mutter zu wiederholen.

„War das die rothaarige Frau aus Toledo?", fragte er sie. Marsha verneinte. „War sie denn klein und lebt bei ihrer Großmutter?" Auch diesmal war die Antwort negativ. Er beschrieb dann noch eine Anzahl anderer Frauen, mit denen er Affären gehabt hatte. Von einigen wusste er die Namen noch, von anderen nicht. Endlich gelang es Marsha, in ihm eine verschwommene Erinnerung an ihre Mutter wachzurufen. Es war jedoch offensichtlich, dass ihre Mutter ihm wenig bedeutet hatte, und die Tatsache, dass er eine Tochter hatte, bedeutete ihm noch weniger.

Ich hörte Marshas Geschichte und ertappte mich dabei, wie ich diesem Mann genauso weh tun wollte, wie er seiner Tochter weh getan hatte. Der Gedanke daran, ihm zu vergeben und auch Marsha aufzufordern, es zu tun, schien absolut lächerlich und fast grausam.

Und doch: ihrem Vater zu vergeben ist genau das, was Jesus von Marsha fordern würde. Warum? Weil Er möchte, dass sie frei wird, und Sein Ort der Freiheit kann nur durch die Tür der Vergebung betreten werden.

Das Gegenteil von Vergebung ist ...

Wenn uns Unrecht getan wurde, denken wir oft, dass wir aus zwei möglichen Reaktionen wählen können. Entweder können wir die positive Entscheidung der Vergebung treffen oder neutral bleiben und eine Weile im Fegefeuer des Nicht-Vergebens herumtrödeln. Wenn wir nicht vergeben, sehen wir uns nicht als schlechte Menschen, sondern als solche, die so tief verletzt wurden, dass sie nur noch nicht gleich vergeben können.

Dieses Bild passt uns vielleicht hervorragend ins Konzept, aber es ist falsch. Das Gegenteil von Vergebung ist nicht Unversöhnlichkeit, es ist Bitterkeit. Wenn wir denen, die uns Unrecht getan haben, nicht vergeben, treffen wir die bewusste Entscheidung, uns in die negative Richtung der Bitterkeit zu bewegen. Es gibt kein Fegefeuer dazwischen. Bitterkeit kann sich fast unbemerkt in uns einnisten wie ein winziger bösartiger Knoten in der Brust, doch es braucht nicht viel, damit sie wächst und sich ausbreitet wie ein Krebsgeschwür, das dein Leben zerstören wird. Aus verschiedenen schrecklichen Gründen ist Bitterkeit eine besonders tödliche Wahl.

Bitterkeit schließt Christus aus.

Der christliche Therapeut Tom Marshall sagt es so: „Wenn wir an der Bitterkeit gegen die, die uns verletzt haben, festhalten, verbannen wir damit Christus von der Bildfläche. Er kann einfach nicht kommen und uns heilen, egal, wie sehr wir Ihn darum bitten. Zu vergeben ist eine absolute Voraussetzung für Heilung."[1]

Ein Glas, das voll Wasser ist, kann nicht zur selben Zeit voll Luft sein. So ist es auch mit Christus und Bitterkeit. Sie können in derselben Situation nicht nebeneinander existieren, weil Christus der Heiland – unser Heiler – ist. Er will uns helfen, uns in Richtung Versöhnung und Ganzheitlichkeit zu bewegen. Das sind die Dinge, die Gott dem Vater Ehre und Seinen Kindern Frieden bringen. Für diese Dinge ist die Macht Jesu da. Der Zerstörer, Satan, ist der Herr der Bitterkeit. Wenn wir also wählen, dass in einer Beziehung die Bitterkeit regiert, regiert dort auch Satan.

Bitterkeit bindet dich an den, den du hasst.

Bitterkeit bewirkt noch mehr als das Verhindern von Heilung. Sie hält uns auch im Machtbereich dessen, der uns verletzt oder missbraucht hat. Elvin Semrod, der unzählige Bostoner Psychiater ausbildete, beobachtete: „Solange Menschen wütend aufeinander sind, können sie nicht voneinander lassen. Solange (Väter und Töchter) das nicht zugeben, solange sie einander ‚hassen', kleben sie aneinander wie Pech."[2]

Ich kenne eine Frau, deren Vater sie jahrelang emotional missbraucht hat. Sie sagte mir: „Nur sein Tod wird mich von ihm befreien." Wenn er stirbt, wird sie jedoch eine schlimme Entdeckung machen. Sein Tod wird ihr keine Erleichterung verschaffen. Solange sie wütend ist, ist sie an ihn gebunden, weil Hass ein genauso starkes Band ist wie Liebe.

Bitterkeit macht dich zum „Verwunder".

Paulus warnt die Hebräer: „Achtet darauf, dass nicht jemand an der Gnade Gottes Mangel leide, dass nicht irgendeine Wurzel der Bitterkeit aufsprosse" (Hebräer 12,15). Unsere Bitterkeit wird nicht nur uns verletzen, sondern auch die, die wir lieben.

Ich wurde Zeugin dieses Prinzips bei einer Frau, die dachte, dass sie ihrem Vater für das, was er in ihrem Leben zerstört hatte, einfach nicht vergeben konnte. Und ehrlich gesagt hätte ich ihr zugestimmt, wüsste ich nicht um Gottes Aufforderung an uns, zu vergeben. Die Wunden, die sein Missbrauch und seine Vernachlässigung gerissen hatten, kosteten diese Frau fast ihren Verstand und ihre Ehe.

Doch indem sie wählt, nicht zu vergeben, sehe ich auch, dass sie ihre Kinder lehrt, dass nicht jedes Unrecht vergeben werden kann. Es gibt eine Sünde, die nicht vergeben werden kann, und das ist in ihren Augen Missbrauch durch die Eltern. Dieses Jahr verkündete dann ihr Sohn im Teenageralter, dass er auch missbraucht wurde. Natürlich nicht auf so schreckliche Art und Weise wie seine Mutter, aber auch er kann eine Reihe von Begebenheiten aufzählen, wo seine Mutter das Ideal verfehlt hat. (Und welches Kind könnte das nicht?)

Das Schlimme ist, dass er denkt, ein Recht darauf zu haben, bitter gegen seine Mutter zu sein, weil in ihrer Familie Missbrauch durch die Eltern ja als unverzeihlich gilt. Die Saat der Bitterkeit, die seine Mutter gesät hat, schlägt jetzt in ihm Wurzeln, und die, die verletzt wurde, wird in den Augen ihres eigenen Kindes zu einer, die verletzt.

Bitterkeit behindert den Aufbau
einer neuen Beziehung als Erwachsene.

In den zwanzig, dreißig oder vierzig Jahren, die seit unserer Kindheit vergangen sind, haben sich auch unsere Väter verändert. Jetzt, wo du kein Kind mehr bist, gibt es die Chance einer neuen Beziehung zu deinem Vater.

Meine Mutter und auch meine Stiefmutter starben während der letzten zwanzig Jahre, und das hat meinen Vater viel sanfter gemacht. Er ist wirklich viel zärtlicher und offener als zu der Zeit, als ich ein kleines Mädchen war. Ich wiederum bin während der letzten zwanzig Jahre selbstsicherer und lebenserfahrener geworden. Ich kann jetzt meine Fähigkeit zur Kommunikation und Verständnis für meinen

Vater in unsere Beziehung einbringen – etwas, das ich als kleines Mädchen natürlich nicht konnte.

Wir können noch einmal neu beginnen. Vor zwanzig Jahren war ich nicht fähig zu sagen: „Wenn du Desinteresse an meinen Erfolgen zeigst, fühle ich mich …" Und ich war nicht reif genug zu verstehen, wie sehr er mein Interesse an *seinen* Erfolgen braucht.

Das Ergebnis unseres „Neuanfangs" war vielleicht nicht die tiefgründigste und wichtigste Unterhaltung meines Lebens. Als Erwachsene ist mir klar, dass, wäre mein Vater nicht mein Vater und hätten wir uns nur zufällig auf der Arbeit oder in der Kirche getroffen, wir uns wahrscheinlich nicht als beste Freunde erwählt hätten. Wir werden also nie eine extrem tiefgründige Beziehung haben, aber das ist in Ordnung so! Weil ich erwachsen bin, kann ich andere, engere Beziehungen aufbauen. Und weil ich nicht erwarte, dass er alles für mich ist, kann ich mich an ihm freuen und das schätzen, was er für mich getan hat.

Die Bitterkeit jedoch gibt uns keine zweite Chance, eine Beziehung zu bauen. Gott hat keinen Raum zu wirken.

Der einzige Weg, von Bitterkeit frei zu werden, ist Vergebung. Weil unsere Väter sie verdienen? Nein. Wir müssen ihnen vergeben, weil wir nur so Frieden finden können. Und wir können ihnen nur vergeben, wenn wir verstehen, wie Gott uns vergibt.

Wir vergeben, wie uns vergeben wurde

Petrus kam mit der Frage zu Jesus: „Herr, wie oft soll ich meinem Bruder, der gegen mich sündigt, vergeben? Bis siebenmal?" (Matthäus 18,21). Wahrscheinlich gratulierte sich Petrus innerlich zu solch einer großzügigen Einstellung.

Doch Jesus riss seine schäbige Auffassung von Gnade mitten entzwei. Nicht siebenmal, sagte Jesus zu ihm, sondern sieben mal siebzig! Seine Zuhörer müssen geschockt gewesen sein. Einem, der mich verletzt, sieben mal siebzig Mal vergeben? Wo doch sogar die Rabbis nur die dreimalige Vergebung forderten? Warum sollte Jesus solch eine unglaubliche Forderung stellen?

Als ob er ihre Gedanken gelesen hätte, beantwortete Jesus ihre
Einwände mit der Geschichte über einen König, der seine Konten
überprüfen ließ. Er ließ einen Sklaven zu sich bringen, der ihm über
zwanzig Millionen Mark schuldete. Der Sklave konnte nicht bezahlen, und der König erließ ihm die Schuld. Der Sklave jedoch wollte
einem nicht vergeben, der ihm eine viel geringere Summe schuldete
(vgl. Matthäus 18,21-35).

Die Moral von der Geschichte?
Lass sie dir nicht entgehen!

Erstens: Gott vergibt. Er vergibt bereitwillig, maßlos, geradezu ver-
schwenderisch!

In Jesu Gleichnis beschloss der König, dem Sklaven seine enormen
Schulden zu erlassen. Es gab keine Flut von Anschuldigungen.
(„Wie um alles in der Welt konntest du zwanzig Millionen verschleu-
dern?") Das war auch kein zögerlicher oder griesgrämiger
Schuldenerlass. („Ich werde dir die Schuld erlassen, weil mir sowieso
nichts anderes übrigbleibt, aber ich werde dich jeden Tag für
den Rest deines Lebens daran erinnern, dass du mein Geld ver-
schwendet hast und meiner Güte nicht wert bist!") Der König gab
dem Sklaven auch keine neue Frist. („Du hast noch ein Jahr, um das
Geld aufzutreiben!")
      Der König schätzte die Situation einfach gerecht ein. („Du
schuldest mir zwanzig Millionen Mark und gehörst ins Gefängnis,
weil du es nicht zurückzahlen kannst.") Dann beschloss er, Gnade vor
Recht ergehen zu lassen und reagierte auf das Flehen des Sklaven,
indem er ihm vergab.
      Es ist interessant, dass Jesus nichts davon berichtet, dass der
Sklave einen ausnehmend guten Charakter gehabt hätte oder Vergebung ganz besonders verdiente. Der König vergab, weil er seinem
vergebenden Wesen folgte. Alles, was er für seine Freundlichkeit
erwartete, war, dass der Sklave nun auch anderen vergeben sollte.

Als Jesus diesen König beschrieb, offenbarte er uns natürlich in Wirklichkeit das vergebende Wesen seines himmlischen Vaters. Genauso wie jener gute König seinem Sklaven vergab, hat sich Gott entschieden, uns zu vergeben und uns von allen unseren Sünden reinzuwaschen.

Hast du die Vergebung des Vaters für deine Verfehlungen in vollen Zügen genossen und in dich aufgesogen? Hast du die Ungeheuerlichkeit dessen, was er für dich tat, als er deine Rebellion und deinen Ungehorsamkeit vergab, von dir Besitz ergreifen lassen? Hast du die Freude gefeiert, dass er dich ausgewählt hat als seine Freundin, seine Tochter, seinen Augapfel?

Wir werden nicht vergeben, wenn wir nicht wissen, wie bedingungslos und total Gott uns vergeben hat.

Zweitens: Wir können alles vergeben, weil uns selbst alles vergeben wurde.

Wenn wir uns weigern zu vergeben, haben wir uns selbst an Gottes Stelle gesetzt, nichts weniger. Wir haben unsere eigenen Maßstäbe eingesetzt, was Vergebung angeht, auch wenn diese von Gottes Maßstäben abweichen. Johannes erklärt: „Wenn wir unsere Sünden bekennen, ist er treu und gerecht, dass er uns die Sünden vergibt und uns reinigt von jeder Ungerechtigkeit" (1. Johannes 1,9). Aber wir setzen noch einen drauf und sagen: „Nur wenn es dir sehr, sehr Leid tut oder du dich oft genug bei mir entschuldigst oder das Unrecht an mir wieder gutmachst … werde ich dir vergeben. Und vielleicht nicht einmal dann."

Wenn wir Gottes „überschwängliche Gnade" für uns in Anspruch nehmen, müssen wir diese Gnade auch an die weitergeben, die uns Unrecht getan haben.

Drittens: Die Weigerung, unseren Vätern zu vergeben, schränkt unsere Möglichkeiten ein, Gottes Vergebung zu erlangen.

Der Sklave, dem vergeben wurde, muss gedacht haben, dass seine Grausamkeit dem Mann gegenüber, der ihm Geld schuldete, keinen Einfluss auf seine Beziehung zum König haben würde. Genauso

können auch wir an unserem „Recht" festhalten, auf unseren Vater
wütend zu sein, und dabei erwarten, dass das ohne Folgen für unsere
Gottesbeziehung bleibt.

Nichts könnte weiter von der Wahrheit entfernt sein.

Die Schrift lehrt uns, dass es eine mystische, unbestreitbare
Verbindung zwischen unseren himmlischen und irdischen Beziehungen gibt. „Vergib uns unsere Schuld", beten wir, *„wie auch wir
vergeben unseren Schuldigern."* Jesus ließ dem Vaterunser eine ern-
ste Warnung folgen: „Denn wenn ihr den Menschen ihre
Vergehungen vergebt, so wird euer himmlischer Vater auch euch
vergeben; wenn ihr aber den Menschen nicht vergebt, so wird euer
Vater eure Vergehungen auch nicht vergeben" (Matthäus 6,14-15).

Viertens: Es stürzt dich immer selbst ins Elend, wenn du nicht
vergibst.

Als der hartherzige Sklave beschloss, die Gnade, die er empfangen
hatte, nicht weiterzugeben, lud er sich damit endlose Qualen auf.
Jeder Psychologe könnte innerhalb von zehn Minuten eine Liste
anfertigen, wie diese Qualen heute aussehen können. Die irdischen
Folgen von Bitterkeit und Groll lesen sich wie eine Abhandlung über
psychische und physische Funktionsstörungen: zerbrochene Ehen,
Einsamkeit, Depression, Geschwüre und andere Magenkrankheiten,
Arthritis, entfremdete Kinder, Lethargie, Fettsucht – usw.

Es ist nicht so, dass Gott uns diese Plagen als Strafe dafür
schickt, wenn wir nicht vergeben. Das muss er nicht! Sie kommen
von ganz allein, wenn wir uns entscheiden, den Strom der Gnade zu
blockieren, den Gott durch unsere Psyche und unseren Körper weiter-
leiten will. Er erschuf uns, damit wir in seiner Gnade und Vergebung
tanzen und jubeln und dann diese Gnade überfließen lassen an jene
um uns herum. Jedes Mal, wenn du und ich diesen Gnadenstrom
stoppen und darauf bestehen, dass wir ein Recht auf unseren Zorn
haben, fügen wir uns selbst mehr Schaden zu als der Zielscheibe
unseres Zorns.

Was auch immer dich daran hindert, deinem Vater zu vergeben,
hindert dich auch daran, dir selbst für deine Verfehlungen zu vergeben. Du kannst auch nicht erwarten, dass andere dir vergeben, wenn
du dich weigerst, deinem Vater zu vergeben. Auch Antworten auf

deine Gebete solltest du nicht erwarten, wie der Psalmist erklärt: „Wenn ich es in meinem Herzen auf Frevel abgesehen hätte, so würde der Herr nicht hören ... auf die Stimme meines Gebets" (Psalm 66,18-19). All das ist ein hoher Preis für das „Privileg", einen Groll gegen jemanden zu hegen. Deinem Vater zu vergeben ist notwendig, damit du heil werden kannst.

Erst nachdem ich beschloss, meinem Vater seine Fehler zu vergeben, bekam ich eine ganz neue Sicht für ihn geschenkt. Oft hatte ich mich darüber geärgert, dass er weder zuhören noch Kompromisse schließen wollte. Aber jetzt begann ich, auch die andere Seite dieser Schwäche zu sehen. Er konnte seine Ansichten verteidigen und hinter ihnen stehen, egal, wer sich ihm entgegenstellte.

Im Gegensatz zu ihm schüchtert mich Kritik enorm ein. Ich erkannte, dass ich stärker wäre, wenn ich von seiner Entschlossenheit lernen und sie für mich in Anspruch nehmen würde. Hätte ich ihm nicht zuerst vergeben, wäre ich für diesen Gedanken niemals offen gewesen.

Fünf gute Argumente gegen das Vergeben

Vielleicht hast du selbst auch schon den einen oder anderen der folgenden Einwände vorgebracht:

* *Es ist nicht fair, dass ich meinem Vater vergeben soll! Ich habe unter ihm gelitten, und es ist nur gerecht, dass ich es ihm jetzt auch nicht leicht mache!* Gott ist gerecht; Er verspricht, das Unrecht zu bestrafen. Du brauchst ihm seine Arbeit nicht abzunehmen.

* *Aber mein Zorn ist meine Stärke. Wenn ich ihn loslasse, werde ich zusammenbrechen, und mein Vater wird mich fertigmachen.* Die Schrift sagt nirgends, dass Zorn die Quelle unserer Stärke sein soll. Gott will, dass die Freude am Herrn unsere innere Kraftquelle ist.

* *Ich werde ihm ja vergeben, aber zuerst soll er eine Weile „schmoren".* Und inzwischen wird dich das Geschwür der Bitterkeit auffressen.

* *Was wird ihn daran hindern, mir wieder etwas Schlimmes anzutun, wenn ich ihm vergebe? Seine Grausamkeit hat für ihn dann ja keine Konsequenzen. Was sollte ihn dazu animieren, sich zu ändern?* Seit wann bist du dafür verantwortlich, dass sich Menschen ändern? Es ist Gottes Aufgabe, unsere Väter zu ändern; unsere Aufgabe ist es, das zu tun, was er von uns möchte.

* *Zu vergeben kann bedeuten, dass ich mich meinem Vater gegenüber öffnen muss. Wo ich das früher getan habe, wurde ich verletzt. Was wird verhindern, dass das wieder geschieht? Ich muss mich vor Schmerzen schützen.* Es war nie Gottes Plan, dass du dich selbst beschützen musst; solange du das versuchst, kann Er dir nicht helfen. Hast du Angst, dass auf dir herumgetrampelt wird? Die Schrift sagt, dass die Gerechten mutig wie Löwen, klug wie Schlangen und doch so unschuldig wie Tauben sein werden. Wenn du aufhörst, darauf zu bestehen, dass du dich selbst beschützen musst, kann Gott dich diese Art von Weisheit und Stärke lehren.

Als Tochter Gottes steht deine Definition in einem neuen Lexikon: Seinem Wort. Egal wie dein irdischer Vater dich behandelt, dein himmlischer Vater sagt:

> *„Ja, mit ewiger Liebe habe ich dich geliebt; darum habe ich dir meine Güte bewahrt" (Jeremia 31,3).*
> *„Weil du teuer bist in meinen Augen und wertvoll bist und ich dich liebhabe ..." (Jesaja 43,4).*
> *„Der Herr wird Gefallen an dir haben ..." (Jesaja 62,4).*
> *„Und in ihm (Christus) haben wir auch ein Erbteil erlangt ... damit wir zum Preise seiner Herrlichkeit seien" (Epheser 1,11).*

Weil dein himmlischer Vater die Quelle aller Weisheit ist, ist seine Meinung über dich die einzig richtige. Wenn dich dein irdischer Vater also erniedrigt oder verspottet, brauchst du dich nicht wertlos zu fühlen. Du kannst dich vielmehr dem zuwenden, was dein richtiger Vater über dich denkt und daraus Kraft schöpfen, um zu einer ganzheitlichen Persönlichkeit zu reifen.

Vergeben, wenn die Wunden noch bluten

Es fällt mir schwer, leichtfertig über Vergebung zu reden, wenn ich an Mary denke, deren Vater den Hund umarmte und die Tochter mit Füßen trat. Obwohl Mary die Notwendigkeit versteht, ihrem Vater vergeben zu müssen, stellt sie mit Recht die Frage: „Wie kann ich denn vergeben, wenn ich so voll Schmerzen bin?"

Eine Herangehensweise an diese Frage ist ganz sicher zum Scheitern verurteilt. Wenn wir versuchen, Marys Schmerz mit Plattitüden wie: „Wenigstens hat er dich nicht vor die Tür gesetzt!" zu zerreden, würden wir damit ihr Leid nur vergrößern. Zu ihrem Schmerz käme noch das schlechte Gewissen darüber, dass sie sich überhaupt verletzt gefühlt hat. Sie davon zu überzeugen, dass ihr Berg des Schmerzes in Wirklichkeit nur ein Maulwurfshügel ist, ist nicht die Art Jesu. Mir fallen zwei Dinge ein, die Gott denen gibt, die vergeben wollen.

Seine Kraft steht uns zur Verfügung.

Gewisse Strömungen der New-Age-Bewegung sowie einige „moderne" Psychologen haben beschlossen, dass Vergebung eine gute Sache ist und sie zu einer ihrer Techniken gemacht, um das Ziel der Ganzheitlichkeit zu erreichen. Wenn man ihre Schriften liest, kommt man jedoch zu dem Schluss, dass Vergebung etwas ist, das man allein bewerkstelligen kann. Sag einfach, dass du deinen Schuldner freisprichst und *„peng!"* ist es geschehen.

Diese Art von Selbsthilfe riecht mir verdächtig nach den Menschen, von denen der Apostel Paulus schreibt, dass sie eine „Form der Gottseligkeit haben, deren Kraft aber verleugnen" (2. Timotheus 3,5). Und er erklärte das für Sünde.

Wahre Vergebung bedeutet, Gottes Gnade einem anderen Menschen zuteil werden zu lassen, und das können wir nur, wenn wir Gott anrufen und um seine Kraft dafür bitten.

Wenn es dir unmöglich scheint, deinem Vater zu vergeben, hat Gott damit überhaupt kein Problem! Wäre es nämlich nicht unmöglich, würdest du es aus eigener Kraft versuchen. Doch weil es dir unmöglich scheint, brauchst du Gottes Hilfe, um es zu können. Unser

Gott hat sich auf Unmögliches spezialisiert. Er ist dann in seinem
Element, wenn etwas unmöglich ist. Denke doch nur daran, wie sich
das Rote Meer geteilt hat! Und wie Christus auf dem See lief! Und
wie Lazarus von den Toten auferweckt wurde! Gott steht bereit, uns
zu helfen, wenn wir letztendlich einsehen: „Den Menschen ist's unmöglich, aber bei Gott sind alle Dinge möglich."

Bitte ihn um seine Kraft, damit du deinem Vater vergeben
kannst. Der, der eine verdorbene, rebellische Welt mit seiner voll-
kommenen Heiligkeit versöhnt, kann dir ganz sicher dabei helfen,
von Bitterkeit und Ablehnung gegen deinen Vater frei zu werden.

Christus weiß, wie tief du verletzt bist und wie schwer es ist, zu
vergeben. Doch denke daran: Er vergab denen, die Ihn ans Kreuz
schlugen, obwohl sie ihre Missetat nicht bereuten. Du kannst dich
auf seine Kraft berufen, damit auch du vergeben kannst.

Vergebung kann ein Ereignis oder eine Reise sein

Manchmal passiert Vergebung in einem erhabenen, strahlenden Moment, der den Konflikt für immer beendet. Oftmals müssen wir uns
jedoch des „7 mal 70er-Prinzips" bedienen, das Jesus Petrus erklärte.
Anders ausgedrückt: Wenn du deinem Vater für seine Missetaten
vergeben hast, aber am nächsten Tag fühlst du die Bitterkeit wieder
in dir hochsteigen, ist es völlig in Ordnung, wenn du ihm noch
einmal vergibst. Und wieder. Und wieder. Bis die Wurzel der Bitterkeit endgültig ausgerottet ist. Das Gefängnis der Bitterkeit kann
durch eine gewaltige Explosion zum Einsturz gebracht oder Stein für
Stein abgetragen werden.

Wir können das Vergeben zu einer guten Angewohnheit von
uns machen, indem wir es üben, genauso wie wir immer besser im
Zornig-Sein wurden, weil wir es übten.

Einen Vater ehren, der Ehre nicht verdient

Einigen unter uns fällt es leicht, Gottes Gebot zu gehorchen und unsere Väter zu ehren. Es fällt uns nicht schwer, sie mit Respekt zu behandeln, weil sie sich unseren Respekt durch ihre Treue und Liebe zu uns verdient haben. Doch wie steht es um einen Vater, der Ehre nicht zu verdienen scheint?

Elva McAllaster, die Studierende an einer Universität psychologisch betreut, erklärt, dass es hier erst einmal nur um das Verb „ehren" geht.[3] Das Gebot sagt nicht, dass du ihn lieben, mögen, ihm vertrauen oder Respekt ihm gegenüber *verspüren* musst. Deinen Vater zu ehren, heißt einfach nur, ihn mit Respekt *zu behandeln*.

Vielleicht bedeutet respektvolles Verhalten für dich, dass du aufhörst, über seine Schwächen zu reden – auch vor dir selbst. Vielleicht heißt es für dich, Gott für ihn zu danken, seine Schwächen eingeschlossen. Vielleicht bedeutet es, den ersten Schritt zu ihm hin zu tun, anstatt ihn zu ignorieren.

Es ist nicht so wichtig, was wir tun. Es ist wichtiger, dass wir eine respektvolle Haltung einnehmen, wenn schon nicht ihm als Mann gegenüber, dann gegenüber der Position, die Gott ihm gegeben hat. Wenn wir diese oft schwere Aufgabe zur Ehre Gottes in Angriff nehmen, können wir um Gottes Hilfe bitten – und uns darauf verlassen, dass wir sie bekommen.

Manchmal verändert unsere Initiative unsere Väter zum Guten. Passiert das nicht, hat Gott in Römer 12,17-21 eine Botschaft für uns:

> *Vergeltet niemand Böses mit Bösem ... Wenn möglich, soviel an euch ist, lebt mit allen Menschen in Frieden! Lass dich nicht vom Bösen überwinden, sondern überwinde das Böse mit dem Guten!*

Gott gibt uns nicht die Verantwortung dafür, eine Versöhnung mit unseren Vätern herbeiführen zu müssen. Einige Väter werden nicht zugeben, etwas falsch gemacht zu haben, oder werden keine Liebe empfangen wollen. Gott weiß, dass wir dann nur unseren Teil dazu tun können. Wir sollen sie ehren und in Frieden mit ihnen leben. Wir können *uns* selbst vor Bösem bewahren, indem wir Gutes denken und

Gutes tun und unsere Väter ehren um der Herrlichkeit unseres himmlischen Vaters willen.

Ein Tochter-Test

Du hattest schon mehrere Gelegenheiten, einzuschätzen, wo dein Vater Vergebung braucht. Es ist aber genauso wichtig, dass du dich als Tochter einschätzt. Es ist gut möglich, dass du selbst Vergebung brauchst – von Gott, von deinem Vater oder von beiden. Wie ist es bei dir darum bestellt? Wie würdest du die folgenden Fragen beantworten?

1. Wie hast du reagiert, wenn dein Vater dich enttäuschte? Hat sich Gott über deine Reaktion gefreut?
2. Wie ernst hast du Gottes Gebot genommen, deinen Vater zu ehren?
3. Gab es Zeiten, wo du nicht für das dankbar warst, was dein Vater für dich getan hat?
4. Hast du jemals gesagt: „Das werde ich ihm nie verzeihen?" Hast du ihm dafür in der Zwischenzeit vergeben, oder hast du immer noch Bitterkeit in dir?

Gott zeigte mir vor zwei Jahren auf einer christlichen Freizeit, dass ich umkehren und Buße tun musste. Damals war ich mitten im Vater-Konflikt und voll Schmerz über die Erkenntnis, dass mein Vater sich nie viel um mich gekümmert hatte. An Heilung konnte ich noch nicht recht glauben. Ich hatte die Fehler meines Vaters deutlich vor Augen, und sie füllten mich mit Bitterkeit.

Nach einer Abendveranstaltung bat ich einen befreundeten Pastor, mit mir zu beten, weil ich mich in meinen Emotionen gefangen fühlte. Ich erzählte ihm ein wenig von meiner Familie.

Er war einen Moment lang still und sagte dann: „Vielleicht hat der Herr ein Bild für dich, damit wir besser wissen, worum wir beten sollen. Kannst du deine Augen schließen und dich in die Zeit zurückversetzen, als du etwa zehn Jahre alt warst? Hast du eine Familienszene in eurem Haus vor Augen?"

Seine Bitte überraschte mich, aber ich beschrieb ihm eine Szene, die mir in den Sinn kam. Wie einfach es war, uns alle da im

Wohnzimmer zu sehen! Der Fernseher lief, mein Vater saß in seinem großen schwarzen Sessel, meine Schwester, zwei Brüder und ich lagen auf dem Boden oder dem Sofa, schauten fern, machten dabei Schulaufgaben und stritten uns. Mutter war nicht da. Sie war in der Küche und schälte Äpfel, wie mir schien. (Wie erstaunlich, dass wir solche Erinnerungen jahrzehntelang bis ins Detail in uns aufbewahren!)

Mit dieser Szene vor Augen bat mich der Pastor, mir einen Platz im Haus vorzustellen, an dem ich mich beschützt und wohl fühlte. Ich wählte mein Zimmer. „Jetzt", sagte er, „stell dir vor, dass Christus zu dir kommt. Bitte Ihn, dir zu helfen, die Distanz zwischen dir und deinem Vater zu überwinden. Höre, was er dir sagt."

Obwohl ich keine Stimme hörte, kamen folgende Gedanken zu mir: „Maureen, ich wollte dir helfen, aber ich konnte nicht, weil du vor vielen Jahren beschlossen hast, dich zu schützen, indem du dich in dein Schneckenhaus zurückziehst."

Ich konnte mich nicht daran erinnern, bewusst eine solche Entscheidung getroffen zu haben, aber als ich darüber nachdachte, wurde mir klar, dass ich genau das getan hatte – ich hatte mich emotional abgekapselt. Es schien auch klar zu sein, dass ich darüber Buße tun musste, Christus in dieser Situation vor der Tür stehen gelassen zu haben. Im Gebet tat ich dann also Buße und bat Gott um Vergebung dafür, dass ich ihm nicht vertraut hatte und nicht zugelassen hatte, dass er mir half.

Diese Momente erlösten mich aus der Sackgasse, in der ich mich gefühlt hatte. Ich fuhr nach Hause mit der Hoffnung auf Heilung und Versöhnung.

Das ist, was Vergebung bewirkt. Sie bereitet den Weg für Reinigung und neue Hoffnung. Das können wir erleben, egal, ob wir nun die Vergebende sind oder die, die Vergebung braucht, oder beides.

Der Psalmist sagt: „Meine Wehklage hast du mir in Reigen verwandelt, mein Sacktuch hast du gelöst und mich mit Freude umgürtet" (Psalm 30,12). Ich glaube, dass wir unsere alten Kleider ablegen, wenn wir das Trauern durch den Akt der Vergebung abschließen. Und wir ziehen das Freudengewand an, wenn wir über unsere irdischen Väter hinweg zu unserem Vater im Himmel schauen.

[1] Tom Marshall: *Free Indeed*. Auckland, Neuseeland: Orama Christian Fellowship Trust, 1983, S. 54–55.

[2] Dr. William Appleton: *Fathers and Daughters*. New York: Doubleday, 1981, S. 179.

[3] Elva McAllasters Buch: *When a Father Is Hard to Honor* (Elgin, Illinois: Brethren Press, 1984) beschäftigt sich mit dem Thema, einen Vater zu ehren, der keine Ehre verdient. Obwohl sich das Buch an junge Männer wendet, ist es auch für Frauen sehr gut geeignet.

11. Geistliche Elternschaft –
Väter im Herrn

Als du und ich zum Glauben kamen, indem wir Jesus als unseren Herrn akzeptierten, gewannen wir mehr als „nur" ewiges Leben. Wir wurden durch diesen Schritt auch in eine riesige, wundervolle Familie hineingeboren. Mit der Hilfe dieser Familie können wir auch einen emotionalen Neubeginn wagen. Im Kreis der Gläubigen kann Gott anfangen, unseren Mangel auszufüllen, indem er uns seine väterliche Fürsorge durch Menschen zukommen lässt, die zu unseren „Eltern im Herrn" werden können.

Der bekannte Prediger Josh McDowell, selbst Sohn eines gewalttätigen, alkoholkranken Vaters, sagt dies über solche geistlichen Väter:

„Gottes Methode, ungesunde Selbstbilder und gestörte Persönlichkeiten zu heilen, ist an das Konzept eigentlicher Elternschaft angelehnt. Deine geistlichen und emotionalen Bedürfnisse, die von deinen irdischen Eltern nicht erfüllt wurden, werden jetzt von Gott gestillt – *durch Mitglieder des Leibes Christi*" (Hervorhebung von mir).[1]

Durch Dr. Trobisch wurde ich zum ersten Mal darauf aufmerksam gemacht, dass Gott uns Mütter und Väter im Herrn schenkt. Trobisch sagte über seine eigene Mutter: „Sie verlor ihren Vater mit sechzehn Jahren, aber sie hatte viele geistliche Väter. Sie ist eine großartige, reife Frau. Das wäre sie ohne diese Väter nie geworden. Natürlich konnte sie nach einer Weile mit ihrem Bedürfnis nach Vaterschaft direkt zu Gott gehen, aber wir als Christen sind doch der Leib Christi. Wir sind seine Füße und seine ausgestreckten Hände.

Deshalb bin ich auch überzeugt davon, dass wir gerade heute noch viel mehr Väter brauchen, die die ausgebreiteten Arme unseres liebenden himmlischen Vaters sind."

Die Liebe des Vaters umgibt dich

Manchmal ist das, was wir uns am meisten wünschen, in unserer Reichweite, aber wir erkennen es nicht oder lehnen es sogar ab. Wenn es nämlich nicht so „verpackt" ist, wie wir uns das vorstellen, wollen wir es nicht haben. Viele Juden konnten Jesus nicht als ihren Messias annehmen, weil sie Gott als König, nicht als Diener erleben wollten.

Auch Töchtern kann es passieren, dass sie angebotene Liebe einfach ablehnen. Wenn wir das, was wir brauchen, nicht von der Person bekommen, von der wir es erwarten (z. B. von unserem Vater oder einem väterlichen Freund), fühlen wir uns oft so, als hätten wir es nie erhalten.

Im Grunde geht es hier um Wertschätzung. Wenn Gott beschließt, uns elterliche Fürsorge durch jemand anderen als unsere biologischen Eltern zukommen zu lassen, wir aber diese anderen Quellen ablehnen, lehnen wir damit im Prinzip Gottes Geschenk als wertlos ab. Wenn wir uns jedoch entschließen, Fürsorge von denen anzunehmen, die sie uns anbieten – auch wenn das vielleicht nicht die erhofften Personen sind –, zeigen wir, dass wir das Geschenk und den Geber wertschätzen.

Meine Freundin Traci zeigte mir, wie das funktioniert. In ihrem Weihnachtsbrief schrieb sie von der Freude, die sie in ihrer sogenannten „Wahlfamilie" erlebte. Die Irrungen und Wirrungen ihrer biologischen Familie würden eine schöne Seifenoper abgeben, aber anstatt sich ihr Leben lang zu bedauern, beschloss Traci, Gottes Liebe dort zu erleben, wo sie zu finden ist – bei den Menschen, die sie so treffend als ihre „Wahlfamilie" bezeichnet.

Vielleicht hast du ja gar nichts gegen den Gedanken an Mütter und Väter im Herrn, aber dir geben die Botschaften der Liebe, die dir von geistlichen Vätern zuteil werden, trotzdem nichts. Das kann daran liegen, *dass du ihnen nicht glaubst.* Auch das bedeutet, den Wert dieses Gottesgeschenks herabzusetzen.

Joe Aldrich, Leiter der Multnomah-Bibelschule in Oregon, verdeutlicht dieses Phänomen mit folgender Analogie:

Die Menschen gehen mit zwei leeren Eimern in den Händen durchs Leben. Jeder Beweis von Zuneigung oder Bestätigung von anderen Menschen fällt in die Eimer. Sie füllen sich, und unser Selbstwertgefühl steigt. Doch es gibt Menschen, die haben ihre Eimer so fest mit Deckeln verschlossen, dass nichts Positives hineingelangen kann. Diese Menschen sind überzeugt davon, dass sie der Liebe unwürdig sind. Wird ihnen Zuneigung entgegengebracht, können sie das einfach nicht glauben, und ihre Eimer bleiben leer. Dabei ist alles, was nötig wäre, um die Eimer zu öffnen, die Hinwendung zum Glauben und die bewusste Abkehr vom Unglauben.

Geistliche Elternschaft bedeutet, deine „Wahlfamilie" zu finden. Wenn du entdeckst, wie enthusiastisch die Bibel von geistlicher Elternschaft spricht, wird dir das Mut machen, dich auf die Suche zu begeben. Die Schrift gibt uns auch Beispiele dafür, wie man eine solche Familie gründen kann.

Geistliche Elternschaft in der Schrift

Paulus und Timotheus sind ein hervorragendes Beispiel für geistliche Elternschaft. Timotheus' Vater war ein heidnischer Grieche, seine Mutter eine fromme Hebräerin. Wir erfahren nicht, ob Timotheus' Vater früh starb oder ob er einfach keine große Rolle in Timotheus' Leben spielte. Alles, was wir wissen, ist, dass ihn seine Mutter Eunice und seine Großmutter Lois in der Schrift unterrichteten. Nachdem diese beiden sich Paulus und seinen Lehren zugewandt hatten, tat das auch Timotheus.

Später schloss sich Timotheus Paulus in seinem Dienst an, und Paulus wurde dem jungen Mann ein Vater. Paulus nannte ihn „mein echtes Kind im Glauben" (1. Timotheus 1,2) und „mein geliebtes Kind" (2. Timotheus 1,2). Paulus lehrte Timotheus die Wege Gottes und half ihm dabei, einen effektiven Dienst zu tun. Wie ein guter Vater brachte Paulus Timotheus zur Reife als Christ und als Mann. Er unterrichtete und ermutigte ihn. Er lehrte ihn, auf eigenen Füßen zu stehen. Paulus' Briefe an Timotheus sind voll väterlicher Wärme. „Unablässig gedenke ich deiner in meinen Gebeten Nacht und Tag",

schreibt er dem jungen Mann, „voller Verlangen, dich zu sehen –
eingedenk deiner Tränen – um mit Freude erfüllt zu werden"
(2. Timotheus 1,3-4). Das, was Timotheus an väterlicher Zuwendung
nicht bekommen hatte, schenkte Gott ihm durch den Apostel Paulus.
Dasselbe kann Gott heute auch für uns tun.

Geistliche Väter erkennen

Eine sehr „komplette" Variante des geistlichen Vaters ist der *Ersatzvater.* Die Bibel gibt uns hierfür mit der Geschichte Esters ein Beispiel. Als Esters Eltern starben, wurde ihr Cousin Mordechai zu ihrem
Ersatzvater. Er nahm sie in seine Familie auf, sorgte für sie, unterwies
sie und begleitete sie auf dem Weg ins Erwachsenenleben. Als sie
älter wurde, war sie ihm ein geachtetes und geschätztes Gegenüber.

Manche Mädchen finden ihren „Mordechai" in ihrem Stiefvater. Für meine Freundin Julie wurde der Pastor zum Ersatzvater.
Julies leiblicher Vater war an seiner Alkoholsucht gestorben, als Julie
in der Pubertät war. Ich hatte mich oft gefragt, warum sie nicht die
Verletzungen zu haben schien, die man aus diesem Lebenslauf
erwarten würde.

Als ich sie danach fragte, sagte sie ohne zu zögern: „Als ich
klein war, trank mein Vater auch schon ein bisschen, aber meistens
war er liebevoll und wir hatten viel Spaß miteinander. Erst als ich
etwa dreizehn war, wurde er zu einem wirklich schlimmen Trinker.
Damals wechselte ich gerade die Kirche. Mein neuer Pastor und seine
Frau mochten mich sehr und behandelten mich bald wie ihre eigene
Tochter." Der Ersatzvater sorgte für die Dinge, die der irdische Vater
ihr nicht geben konnte.

Eine nicht ganz so allumfassende, aber weitaus häufigere Variante des geistlichen Vaters ist der *partielle Vater.* Hierbei gibt ein
Mann für eine begrenzte Zeit einen bestimmten Aspekt von Gottes
väterlicher Fürsorge weiter.

Als Laura daran arbeitete, ihre Einstellung ihrem kalten und
abweisenden Vater gegenüber zu verändern, fand sie einen geistlichen Vater in dem Psychologen, der ihr dabei half. Sie öffnete sich
diesem älteren Mann gegenüber und entdeckte, dass er sie trotzdem
akzeptierte und sogar mochte. Auf diese Weise wurde er von Gott

dafür benutzt, eine Zeit lang der warme, liebevolle, ermutigende Vater zu sein, den Laura nie hatte.

Während desselben Zeitraumes arbeitete Laura für einen Christen, der einen anderen Aspekt von Vaterschaft verkörperte. Er ermutigte sie bei ihrer Arbeit, lobte sie und behandelte sie mit Respekt. Zusammen waren diese beiden Männer das Modell eines fürsorglichen Vaters für Laura.

Als Lauras emotionale Heilung voranschritt, brauchte sie die Unterstützung dieser beiden Männer immer weniger, aber sie waren sehr wichtig gewesen, um das Vakuum auszufüllen, das ihr leiblicher Vater in ihr hinterlassen hatte.

Ich hörte Lauras Geschichte und blickte zurück auf mein Leben. Ich erkannte, dass Gott auch mir solche partiellen Väter zur Seite gestellt hatte.

Ich dachte an meinen Spanischlehrer an der High School, der die Größe besessen hatte, alberne und unsichere Jugendliche mit Respekt zu behandeln. Er redete uns mit „Frau" und „Herr" an und brachte die Diskussionen im Unterricht geschickt auf lebensnahe Themen. Und er dachte ernsthaft über das nach, was wir sagten. Er lehrte mich, dass mir ein Mann, den ich respektierte, zuhören würde, wenn ich meine Gedanken äußerte.

Auch der Leiter unserer Jugendgruppe in der Gemeinde wurde zu einem „Ersatzvater auf Zeit". Ihm lag an meinem geistlichen Wachstum, und seine Bereitschaft, mir Ratschläge zu geben und mich in seine Familie einzubeziehen, repräsentierten eine Art väterlicher Kameradschaft, die ich brauchte. Es gab noch viele andere.

Es ist wichtig, partielle geistliche Väter zu erkennen, weil Gott uns seine väterliche Fürsorge oft durch mehrere Menschen zuteil werden lässt. Wenn alle unsere Bedürfnisse von nur einem Ersatzvater erfüllt würden, wäre die Versuchung groß, zu viel von dieser Beziehung zu erwarten. Wir würden uns vielleicht zu sehr an den Mann selbst binden anstatt ihn als Werkzeug Gottes zu sehen. Gott will, dass wir durch diesen Menschen ihm, dem himmlischen Vater, näherkommen.

Einige Punkte der Vorsicht, was geistliche Väter betrifft

In ihrem Buch „When a Father Is Hard to Honor" mahnt Dr. Elva McAllaster auch zur Vorsicht gegenüber einem „geborgten" Vater.

„Sich einen Vater zu borgen, kann Ermutigung und Ansporn sein, Trost und Bestätigung bedeuten. Es kann uns stabilisieren, wenn uns die Wirren des Lebens aus dem Lot gebracht haben oder wir unseren Gefühlen misstrauen. Man muss aber auch seinen gesunden Menschenverstand einsetzen, damit man den ‚Ersatz' nicht überlastet und keine überzogenen Forderungen stellt."[2]

Ihr Appell an den gesunden Menschenverstand ist wichtig und richtig, besonders wenn die Empfangende eine Frau und der Gebende ein Mann ist. Egal, wie gut und geistlich unsere Absichten sind, immer wenn ein Mann die tiefen emotionalen Bedürfnisse einer Frau befriedigt, scheint ein sexuelles Kribbeln zwischen ihnen einfach unausweichlich.

Selbst wenn die Beziehung keine erkennbare sexuelle Energie freisetzt, ist es nur allzu leicht, überzogene Erwartungen an den Mann, den Gott in unserem Leben gebraucht, zu entwickeln. Wir sagen uns vielleicht: „Er hat mir hier geholfen, also kann ich auch erwarten, dass er mir hier und hier hilft" und werden dann enttäuscht.

Wir müssen uns dieser Gefahren bewusst sein und unseren Verstand einschalten. Laura, von der ich schon berichtet habe, hatte zwei ältere, reife geistliche Väter, die beide glücklich verheiratet waren und erwachsene Töchter hatten. Beide hatten genug Anstand, ihre Beziehung warm, aber funktional zu halten. Keine Einladungen zum Essen. Keine privaten Treffen nach Dienstschluss. Laura hat es sich zur guten Angewohnheit gemacht, Freundschaften mit verheirateten Männern nur zu pflegen, wenn sie auch eine enge Beziehung zu ihren Frauen hat. Der gesunde Menschenverstand kann über Erfolg oder Elend entscheiden.

Meine Erfahrung ist es, dass Gott oft Ersatzväter aus meinem Leben entfernt hat, wenn ich von ihnen zu sehr abhängig wurde. Darüber brach ich nicht immer in Freudengeschrei aus, aber rückblickend bin ich ihm dafür sehr dankbar. Wir müssen uns vor Schaden schützen und vertrauen, dass auch Gott uns vor Bösem beschützt.

Väter im Herrn sind ein Geschenk Gottes. Wie jedes andere Geschenk auch können sie missbraucht werden. Das heißt aber nicht, dass wir sie nicht als Geschenk Gottes an uns annehmen sollten.

Geistliche Vaterschaft erleben

Manchen Frauen gefällt der Gedanke an die Hilfe eines geistlichen Vaters überhaupt nicht. Diese Frauen bestehen darauf, sich lieber „auf Gott zu verlassen als auf Menschen". Doch Gott hat jeden von uns – Männer wie Frauen – als abhängige Geschöpfe geschaffen. Isoliert können wir nicht leben; in der Isolation werden wir nie zu reifen Erwachsenen werden. Gott selbst ist dreieinig – drei Wesen, die in gegenseitiger Abhängigkeit ein perfektes Ganzes bilden.

Als Frauen brauchen wir bestätigende Beziehungen mit Männern, um die wahre Bedeutung unserer Weiblichkeit zu entdecken, genauso wie Männer ihre Männlichkeit ohne weiblichen Gegenpart nie ganz verstehen werden. „Dennoch ist im Herrn weder die Frau ohne den Mann, noch der Mann ohne die Frau" (1. Korinther 11,11). Diese Bibelstelle erinnert mich immer an eines meiner Lieblingszitate aus Madeleine L'Engles Buch „The Irrational Season": „Gott hat versprochen, dich frei zu machen. Er versprach nie, dich unabhängig zu machen."

Als Bewohner des westlichen Kulturkreises hängen wir der falschen Auffassung an, dass Reife auf Unabhängigkeit beruht. Und gerade für die, die schwer missbraucht oder vernachlässigt wurden, kann sich Abhängigkeit wie eine neue Opferrolle anfühlen.

Eine Frau, auf die das zutrifft, sagte: „Mein ganzes Erwachsenenleben hindurch hatte ich mich selbst als starke, unabhängige Frau gesehen, die sich nahm, was sie brauchte. Es war mein erklärtes Ziel, anderen keine Unannehmlichkeiten zu bereiten und bei niemandem in der Schuld zu stehen. Wenn etwas kaputt ging, reparierte ich es selbst oder bezahlte einen Handwerker. Ich wechselte Öl und kaputte Reifen an meinem Auto selbst, verkaufte mein Haus alleine und buddelte selbst das Loch, wenn ich einen Baum pflanzen wollte. Ich behielt über alles die Kontrolle. Meist war ich es, die sagte: ‚Kein Problem, wir nehmen mein Auto!' oder ‚Ich hab Geld; ich bezahle für das Essen.' Dass ich es zulassen sollte, dass sich irgendjemand wegen mir in Unannehmlichkeiten stürzte, schien mir der Gipfel der Unverschämtheit.‟[3]

In Gottes Augen führt wahre Reife aber immer zu gegenseitiger Abhängigkeit. Voraussetzung dafür ist ein Vertrauen in Gott, das uns erlaubt, andere zu brauchen und uns von ihnen brauchen zu lassen.

Wenn wir unsere Beziehungen nur einseitig gestalten, indem wir uns um die anderen kümmern, sind wir keine Diener im biblischen Sinne, sondern Menschen, die andere kontrollieren wollen. Sogar unser Herr, der kam, „um zu dienen, nicht um sich dienen zu lassen‟, gestattete es sich, von anderen abhängig zu sein. Er brauchte seine Jünger, damit sie Nahrung beschafften, ihm ihre Häuser öffneten, Vorkehrungen für das letzte Abendmahl trafen und mit ihm beteten, wenn er in Not war. Frauen unterstützten ihn finanziell. Jesus war nicht sein eigener bester Freund. Er sagte den Jüngern: „Ihr seid meine Freunde.‟ Er ließ es zu, dass er verletzlich war.

Doch in seiner Weisheit vertraute er seine tiefsten Gedanken nicht jedem an. Johannes macht das in Johannes 2,23-25 deutlich:

Als er aber zu Jerusalem war, am Passa, auf dem Fest, glaubten viele an seinen Namen, als sie seine Zeichen sahen, die er tat. Jesus selbst aber vertraute sich ihnen nicht an, weil er alle kannte und nicht nötig hatte, dass jemand Zeugnis gebe von dem Menschen; denn er selbst wusste, was in dem Menschen war.

Doch den Zwölfen, die etwas aufgegeben hatten, um ihm nachfolgen und Seine Freunde sein zu können, öffnete er Sein Herz. Manchmal enttäuschten sie ihn, z. B. als Judas ihn verriet, Petrus ihn verleugnete und Thomas an ihm zweifelte. Doch Seine Bereitschaft, Offenheit mit diesen Zwölfen zu riskieren, machte Beziehungen möglich, in denen einige ihn so sehr lieben lernten, dass sie für ihn in den Tod gingen.

Gesunde wechselseitige Abhängigkeit bedeutet nicht nur, denen etwas zu geben, die es brauchen, sondern auch von denen Dinge anzunehmen, die dir etwas geben wollen.

Wenn ein Vater seine Tochter als Menschen und als Frau bestätigt, macht er ihr damit ein unbezahlbares Geschenk. Wenn er jedoch versagt, hat Gott andere Diener, durch die er diese Bestätigung anbietet. Jesus hat versprochen, dass „ein jeder, der ... Vater ... verlassen hat, wird hundertfach empfangen und ewiges Leben erben" (Matthäus 19,29). Das sind die geistlichen Väter, von denen die Schrift spricht. Wir müssen sie erkennen, für sie danken und Gott erlauben, dass er sie gebraucht, damit wir seine Vaterliebe zu uns verstehen lernen.

Mein Vater wird auch ein geistlicher Vater

Ich habe schon davon berichtet, wie emotional distanziert von meinem Vater ich aufwuchs und welche Folgen das für mein Leben als erwachsene Frau hatte.

Als ich einige der Entdeckungen machte, die ich dir in diesem Buch beschrieben habe – beispielsweise über die Notwendigkeit zu trauern, zu vergeben und Ersatzväter zu finden – veränderte sich meine Einstellung meinem Vater gegenüber. Aus Angst und Enttäuschung wurden Akzeptanz und Respekt. Ich bezweifle, dass Außenstehende eine Veränderung in unserem Umgang miteinander bemerkt haben, aber ich fühlte, dass ich viel freier war, ihn zu lieben, weil ich nicht länger so verzweifelt nach seiner Anerkennung hungerte. Über diesen Heilungsprozess bin ich froh und dankbar.

In diesem Jahr nahm unsere Geschichte dann eine interessante Wendung.

Vor einem Jahr bezogen mein Mann und ich mit den Kindern unser neu gebautes Haus. Was die Erfüllung eines Traums hätte sein sollen, wurde zum Albtraum. Massive Diskrepanzen mit der Baufirma ließen es so aussehen, als sollte uns das Haus nun doch nicht gehören. Aus verschiedenen Gründen war ich es, die sich mit dem Bauleiter auseinandersetzen musste. Ich erwartete nicht, dass er klein beigeben würde. Ich wusste, dass ich Unterstützung brauchen würde, und mein Mann schlug eine Unterredung mit meinem Vater vor. Ich willigte ein.

Ich packte alle Papiere zusammen und fuhr zu ihm. Während wir eine ganze Kanne Kaffee tranken, erklärte ich ihm den ganzen Schlamassel, so gut ich konnte.

Er half mir dabei, zu analysieren, wo was schiefgegangen war, und wir stellten gemeinsam einen Plan auf, den ich dem Bauleiter präsentieren konnte. Dann arbeiteten wir noch Alternativen aus für den Fall, dass der Plan von ihm abgelehnt würde. Einen leisen Vorwurf konnte sich mein Vater nicht verbeißen: „Na ja", sagte er, „ihr jungen Leute habt die ganze Sache nicht so klug angefasst, wie es möglich gewesen wäre, aber ich weiß, dass ihr daraus fürs nächste Mal lernen werdet." Abgesehen davon äußerte er keine Kritik. Als ein guter Vater half er mir einfach, einen Ausweg zu finden, und ermutigte mich bei meinem Vorhaben.

Ich konnte die Probleme lösen. Seine Vorschläge waren sehr hilfreich. Und obwohl ich vor der Auseinandersetzung mit dem Bauleiter große Angst hatte, wusste ich, dass mir mein Vater Rückendeckung gab. Als alles vorüber war, sagte mir mein Vater, dass ich meine Sache gut gemacht hatte – und kaufte uns zwei schöne Windfangtüren für das neue Haus!

Ich weiß, dass ich mehr Glück hatte als viele Töchter, als ich diese „zweite Chance" mit meinem Vater bekam. Erst einmal lebte mein Vater lange genug, um einiges aus der Vergangenheit wieder gut zu machen. Durch den Tod meiner Mutter und Stiefmutter ist er viel sanfter geworden. Und er hat eine Beziehung zu Christus, so dass der Heilige Geist ihn positiv verändern konnte.

Natürlich ist nicht alles anders. Wäre ich mit einem emotionalen anstatt mit einem geschäftlichen Problem zu ihm gekommen, hätte er mir vielleicht nicht so gut helfen können. Und er schenkt mir immer noch eine Tür, um „Ich liebe dich" zu sagen, anstatt mich zu umarmen. Nicht alles ist anders, aber das, was anders ist, ist wundervoll! Und es füllt einen lang verspürten Mangel in mir aus.

Mit einem Vater leben, der sich nicht ändert

Wenn deine Geschichte nicht so ein glückliches Ende findet wie meine, wenn dein Vater dir nach wie vor Schmerzen bereitet, was dann? Wie verhält man sich einem Vater gegenüber, der einem Leid zufügt?

Hier ist es hilfreich, wenn wir uns daran erinnern, dass Gott uns einen Geist „der Kraft und der Liebe und der Zucht" gegeben hat. (2. Timotheus 1,7). Seine Kraft in uns bedeutet, dass wir unser Verhalten einem schwierigen Vater gegenüber kontrollieren können – wir können uns liebevoll verhalten. Wir können unsere Reaktionen auf sein Verhalten steuern und wir können vernünftige Entscheidungen über unsere Vorgehensweise treffen. Unser Vater muss nicht länger Macht über uns haben mit seiner Wut, seinen Beschuldigungen, seiner Distanziertheit oder seinen Einschüchterungstaktiken.

Dich selbst zu beherrschen bedeutet, dass du dich dafür entscheiden kannst, dich als liebende und respektvolle Tochter zu verhalten. Du kannst ihm Geburtstags- und Weihnachtskarten schicken, auch wenn er das nicht tut. Du kannst ihn auf dem Laufenden halten, was dein Leben betrifft, ob ihn das zu interessieren scheint oder nicht. Du kannst nach Mitteln und Wegen suchen, ihm zu danken und ihn zu loben, in seiner Gegenwart und vor anderen, selbst wenn er dich nie lobt. Du kannst ihn dort um Rat bitten, wo er sich auskennt, auch wenn er die Größe und Reife nicht erkennt, die du dadurch zeigst.

Und du kannst ihm die Meinung sagen, wenn er dich verletzt. Die Therapeutin Dr. Elva McAllaster rät Studentinnen: „Nach einem traumatischen Wochenende zu Hause kannst du ihm einen sachlichen Brief schreiben. Sag deinem Vater, dass es dich wütend macht, wenn er – wenn er was? (Was macht er falsch?) Gibt er dir Ratschläge, um die du nicht gebeten hast, oder trifft er wahllos Entscheidungen, die du alleine treffen solltest?"

Sie fügt hinzu: „Ich denke hierbei aber nicht in erster Linie an Beschuldigungen und Anklagen wie ‚Immer machst du …' und ‚Nie bist du …' Dennoch: auch ein solches Gewitter kann oft viele Wolken vertreiben. Es kann sogar besser sein als Ärger und Enttäuschung, die sich in dir aufstauen und immer größer werden."[4]

Um das eben beschriebene Lob oder auch den Tadel in die Tat umzusetzen, brauchst du vielleicht einen Vermittler. Wenn du mit deinem Vater zusammenkommst, brauchst du eventuell einen Freund oder deinen Ehemann, der dich begleitet. Ich denke an jemanden, der dir helfen kann, deinen Vater mit anderen Augen zu sehen und das Gute vom Schlechten zu sortieren.

Darüber hinaus ist es ein bewusstes Ja zu Gnade und Vergebung, was das Verhältnis zu einem dich ständig verletzenden Vater leichter macht. Vielleicht verletzen uns unsere Väter, weil sie selbst verletzt wurden. Hast du dir deinen Vater je als Baby vorgestellt? Als

Kind? Als frischgebackenen Ehemann? Wer war er für seine Eltern? Für seine Geschwister? Was erhoffte er sich vom Leben?

Ein Nachmittag, den ich mit der neunzigjährigen Schwester meines Vaters verbrachte, ließ mich ihn in einem völlig neuen Licht sehen. Mein Vater hatte nie viel über seine Kindheit erzählt, außer dass sein Vater starb, als er neun Jahre alt war. Meine Tante Helen füllte meine Wissenslücken über den vaterlosen Haushalt auf, der das Verhalten meines Vaters so geprägt hat. Dieses zu verstehen, verwandelte meine Anklagen in Mitgefühl.

Es hilft uns, wenn wir in unseren Herzen eine „Gnadenecke" (wie mein Freund und Verleger David Hazard es nennt) einrichten. Dorthinein können wir die Fehler unseres Vaters legen. Und wenn diese Fehler dann von der Gnade Christi zugedeckt werden – von derselben Gnade, die unsere Sünden zudeckt –, haben wir eine Kraftquelle, aus der heraus wir klarere, gesündere und klügere Entscheidungen darüber treffen können, wie wir mit einem Vater, der nichts geben kann oder will, umgehen können.

Der Kreis schließt sich

Gottes väterliche Fürsorge ist überall. Wenn wir es lernen, auf sein Wort der Liebe zu hören und die geistlichen Väter zu erkennen, die er uns schenkt, merken wir, wie unser Hunger nach väterlicher Zuwendung gestillt wird. Dann – als eine Tochter, deren emotionale Batterien aufgeladen sind – können wir uns unseren irdischen Vätern zuwenden und ihnen die Liebe und Ehre zuteil werden lassen, die Gott ihnen zugedacht hat.

---

[1]   Josh McDowell: *His Image ... My Image.* Wheaton, Illinois: Tyndale House, 1985, S.33–34.
[2]   Elva McAllaster: *When a Father Is Hard to Honor*. Elgin: Illinois: Brethren Press, 1984, S.60–61.
[3]   Lottie K. Hillard: „Overcoming the Shame of Needing: A Journey Toward Becoming a Woman" in: *IBC Perspective*, Band 2, S.9–19.
[4]   McAllaster, S.115–116.

12. Dein Vater im Himmel und „auf Erden" – dein Vater und dein Gottesbild

Wie würdest du die folgenden Sätze vervollständigen?

In meiner Kindheit war mein Vater für mich ...
Denke ich an meinen himmlischen Vater, ist das Erste, woran ich denke ...

Ruth antwortete so: „In meiner Kindheit war mein Vater für mich eine starke, verlässliche, positive Autorität." Weiter: „Denke ich an meinen himmlischen Vater, ist das Erste, woran ich denke, mein Bedürfnis, liebend und beständig seinem Willen für mein Leben zu gehorchen."

Diane dagegen beschrieb ihren Vater als „distanziert und passiv". Denkt sie an Gott, gibt sie zu, dass sie „mit der Vorstellung Schwierigkeiten hat, dass da ein himmlischer Vater eine enge Beziehung zu mir will".

Dianes Zerrissenheit ist ein Spiegelbild der Gedanken einer Freundin von mir, die dieses Gedicht geschrieben hat:

Erbsen in der Schüssel,
Schürze über den Knien,
so saß sie
und schälte und schälte.

Ich, zitternd, voller Sehnsucht,
näher, immer näher.
Uralte Hände strichen mir
die Haare aus dem Gesicht.

Zu Boden stellte sie
die Schale,
klopfte sich auf die Knie
und sagte:

Oh, Kind,
komm her zu mir,
damit
ich dich anschauen kann.

Stimme so sanft und ich so geborgen,
saß ich doch
im Schoße Gottes.[1]

Vielleicht würdest du nicht so weit gehen, Gott „Mutter" zu nennen, aber der springende Punkt ist der: Obwohl wir all die Bibelverse über Gottes väterliche Fürsorge kennen, leben viele von uns wie geistliche und emotionale Waisen. Wir stehen bettelnd auf der Straße, gerade als ob wir uns der Tatsache nicht bewusst wären, dass wir einen Vater haben, der liebt und sich in seiner Liebe danach sehnt, für uns sorgen zu können. Warum ist das so? Dr. Bruce Narramore antwortet:

Meine Erfahrung mit neurotischen Erwachsenen hat mir immer wieder gezeigt, dass ihr Gottesbild negativ gefärbt ist – und zwar durch schlechte Erfahrungen mit ihren Eltern, Gottes Repräsentanten auf Erden. Das heißt nicht, dass biblische Lehre über Gottes Charakter unsere Beziehung zu ihm nicht beeinflusst. Das tut sie ganz sicher. *Aber negative emotionale Erfahrungen aus der Kindheit stehen unserer Fähigkeit im Weg, biblisches Wissen anzuwenden.*[2]

Eine Studie Daniel Trobischs, damals Promotionsstudent an der Uni Salzburg, untermauert Dr. Narramores Schlussfolgerung. Zwei Dinge weckten Trobischs Interesse an Vätern und ihren Töchtern. Zum einen war da der schriftliche Beratungsdienst, den er zusammen mit seinem Vater anbot. Die beiden beantworteten Briefe von jungen Mädchen, und Daniel Trobisch war erstaunt darüber, wie viele von den Mädchen mit Persönlichkeits- und Beziehungsproblemen auch gestörte Beziehungen zu ihren Vätern hatten.

Etwa zur selben Zeit fiel ihm auch eine Studie über Prostituierte auf der Hamburger Reeperbahn in die Hände. In dieser Studie war vermerkt, dass viele der Frauen eine gestörte Vater-Beziehung hatten. Diese Beobachtung und das, was er selbst von den Mädchen, die er betreute, erfuhr, weckten sein Interesse am Thema Väter und Töchter.

Wie beeinflusst ein Vater seine Tochter, speziell im Hinblick darauf, was für ein Gottesbild sie entwickelt? Durch ausführliche Interviews mit dreißig deutschen Frauen untersuchte Trobisch erst das Bild, das jede von ihrem Vater hatte, und dann ihr Gottesbild. Er fand heraus, dass *jede Frau* Gott die Charaktereigenschaften zuordnete, die sie bei ihrem Vater beobachtet hatte.

Es ist Gottes Plan, dass unsere irdischen Väter die ersten Männer sind, die uns Gott als den himmlischen Vater nahe bringen. Nicht zufällig wählte Gott für sich dasselbe Wort, das auch unsere irdischen Väter bezeichnet.

Vom biologischen Standpunkt aus hat jeder Mensch einen Vater, sonst wäre er nicht auf diesem Planeten. Nicht jeder hat das Bedürfnis nach einem König, damit sein Leben lebenswert ist, aber ein Vater ist immer eine Grundvoraussetzung für unsere Existenz. So ist es auch mit Gott.

Und jeder von uns hat auch nur *einen* biologischen Vater. Genauso kommt unser geistliches Leben nicht von vielen Göttern – nur von einem.

Ein Vater ist in unserem Leben eine Notwendigkeit, und seine Stellung ist einzigartig. So ist auch Gott für unsere geistliche Existenz eine Notwendigkeit. Er ist einzigartig, der einzige Gott.

Gott gab uns Männer zu Vätern, damit wir aus der Beziehung zu ihnen für unsere Beziehung mit Gott lernen.

Diese Männer sollen uns die Vaternatur Gottes, so wie die Schrift sie lehrt, nahe bringen. Sie sollen uns helfen, das Wirken

Christi in unserem Leben zu erkennen und darauf zu reagieren. Durch
sie sollen wir lernen, wie sich Gottes liebevolle Umarmung anfühlt,
wie seine Stimme klingt, wenn er uns zurechtweist, wie sein Lächeln
aussieht, wenn er sich über uns freut.

Irdische Beziehungen dienen als Modell für die himmlischen.
Die Schrift macht das an vielen Stellen deutlich, und an zweien
ganz besonders:

> *Oder welcher Mensch ist unter euch, der, wenn sein Sohn ihn
> um ein Brot bittet, ihm einen Stein geben wird? Und wenn er
> um einen Fisch bittet, wird er ihm eine Schlange geben? Wenn
> nun ihr, die ihr böse seid, euren Kindern gute Gaben zu geben
> wisst, wieviel mehr wird euer Vater, der in den Himmeln ist,
> Gutes geben denen, die ihn bitten! (Matthäus 7,9-11).*

Jesus wollte, dass seine Zuhörer Gottes Gnade und Großzügigkeit
erkennen, und er bediente sich des Bildes vom irdischen Vater, um
den Weg zu Gott zu weisen. Die zweite Bibelstelle ist diese:

> *Zudem hatten wir auch unsere leiblichen Väter als Züchtiger
> und scheuten sie. Sollen wir uns nicht vielmehr dem Vater der
> Geister unterordnen und leben? Denn sie züchtigten uns zwar
> für wenige Tage nach ihrem Gutdünken, er aber zum Nutzen,
> damit wir seiner Heiligkeit teilhaftig werden (Hebräer 12,
> 9-10).*

Wie sollen wir die Zurechtweisung durch Gott begreifen? Natürlich
indem wir an die Zurechtweisung durch unsere Väter denken und so
für die Zurechtweisung Gottes sensibel werden.

Gott wusste, dass einige derer, die sein Wort lesen würden,
fromme Väter gehabt, andere unter Missbrauch gelitten und die meisten gute wie schlechte Erfahrungen mit ihren Vätern gemacht haben
würden. Väter, die ihre Kinder ignorieren und missbrauchen, sind
kein Phänomen des zwanzigsten Jahrhunderts. Doch das hielt Gott
nicht davon ab, sein Volk anzuweisen, auf ihre irdischen Eltern zu
schauen, um himmlische Lektionen zu lernen. Manchmal lernen wir
durch positive Beispiele, manchmal sehen wir, wie Gott *nicht* ist. Bei
beidem ermutigt uns die Schrift, an das Beispiel unserer irdischen

Väter zu denken, wenn wir die Gemeinschaft mit unserem himmlischen Vater suchen.

Dein Vater und dein Gottesbild

Es ist schwer, den Menschen gegenüber objektiv zu sein, die uns am meisten bedeuten. Ich fand einen Fragebogen hilfreich, der es Frauen ermöglicht, ihr emotionales Bild vom Vater mit ihrem Gottesbild zu vergleichen. Der Fragebogen wurde von Dr.Bruce Narramore entworfen.

Nimm dir ein paar Minuten Zeit und beantworte die folgenden Fragen. Versuche nicht, die vermeintlich beste Antwort auszuwählen. Folge vielmehr deinem ersten Impuls und wähle die Aussage, die am ehesten deine Gefühle beschreibt.

Dr. Narramore macht auf einen Punkt aufmerksam, den du bei der Beantwortung der Fragen unbedingt beachten musst. Er sagt: „Diejenigen unter uns ohne schwerwiegende emotionale Störungen erleben oft einen ‚Heiligenschein-Effekt'. Tests wie dieser fallen dann meist zu gut aus. Wir wählen unsere Antworten danach aus, wie wir denken, dass sie sein sollten; wir beantworten die Fragen von unserem Intellekt her. Damit diese Übung Sinn macht, musst du die Fragen nach deinem *Gefühl*, nicht vom Verstand her beantworten. Beispielsweise ‚wissen' wir ja alle, dass Gott uns liebt. Doch die meisten von uns erleben Zeiten, wo wir seine Liebe nicht ‚spüren'. Wähle deine Antworten nach deinem Gefühl aus."[3]

Genau wie bei dem Fragebogen, wo du deinen Vater eingeschätzt hast, bitte ich dich, dir einen Moment der Stille zu gönnen, bevor du beginnst. Du hast gerade sehr intellektuell gearbeitet – du hast gelesen –, und jetzt sollst du nur nach deinem Gefühl antworten. Diese Umstellung braucht etwas Zeit. Wenn du bereit bist, wähle die Antworten aus, die deine Gefühle am ehesten beschreiben.

Wie ich meinen Vater gesehen habe

Kommunikation:

1. Kommunikation zwischen uns war selten gut
2. kommunizierten, aber nur oberflächlich
3. haben oft und tiefgründig miteinander kommuniziert

Emotionale Wärme:

1. kalt und distanziert
2. kühl und oft distanziert
3. freundschaftlich, aber nicht herzlich
4. meist herzliche und enge Beziehung
5. sehr herzliche und enge Beziehung

Zurechtweisung:

1. lax und ungenügend
2. streng und manchmal barsch oder unberechenbar
3. streng, aber liebevoll
4. zu streng
5. nicht übertrieben viele Regeln, basierend auf gegenseitigem Respekt

Akzeptanz:

1. fühlte mich ständig von ihm abgelehnt
2. fühlte mich nur angenommen, wenn meine Leistungen gut waren
3. fühlte mich für gewöhnlich von ihm angenommen
4. fühlte mich immer von ihm angenommen

Seine Zufriedenheit mit meinen Leistungen:

1. selten mit mir zufrieden
2. manchmal mit mir zufrieden

3. oft mit mir zufrieden
4. fast immer mit mir zufrieden

Seine emotionale Verfassung:

1. immer optimistisch und glücklich
2. für gewöhnlich optimistisch und glücklich
3. oft launisch und deprimiert
4. für gewöhnlich launisch und deprimiert

Wie ich Gott sehe

Kommunikation:

1. haben selten gute Kommunikation durch Gebet oder Bibel lesen
2. kommunizieren, aber oft nur oberflächlich
3. kommunizieren oft und tiefgründig miteinander

Emotionale Beziehung zu Gott:

1. kalt und distanziert
2. kühl und distanziert
3. freundschaftlich, aber nicht herzlich
4. meist herzliche und enge Beziehung
5. sehr herzliche und enge Beziehung

So fühle ich mich, was Zurechtweisung durch Gott betrifft:

1. scheint ungenügend
2. scheint streng und manchmal barsch, unberechenbar
3. scheint streng, aber liebevoll
4. scheint manchmal zu streng
5. scheint angemessen und auf Respekt gegründet

So fühle ich mich von Gott akzeptiert:

1. fühle mich ständig abgelehnt
2. fühle mich nur akzeptiert, wenn ich Leistung bringe
3. fühle mich für gewöhnlich angenommen
4. fühle mich immer angenommen

Gottes emotionale Haltung:

1. fühle mich, als ob Gott böse auf mich ist
2. fühle, dass Gott manchmal unzufrieden mit mir ist
3. fühle, dass Gott enttäuscht von mir ist
4. fühle, dass Gott mit mir zufrieden ist

Siehst du Übereinstimmungen zwischen deinem Gottesbild und den Gefühlen deinem Vater gegenüber? Bei einigen Frauen sind sie offensichtlich, bei anderen nicht. Ein Grund hierfür kann sein, dass nicht jedes schlechtes Erlebnis mit dem Vater zur selben Reaktion gegenüber Gott führt.

In seiner Arbeit mit sexuell missbrauchten Frauen beobachtete der Psychologe Dr. John Musser zwei völlig verschiedene Einstellungen gegenüber Gott. Einige der Frauen zeigten die Reaktion, die man vielleicht erwartet. Sie sagten: „Gott? Ich hasse Ihn. Er ist genau wie alle Männer."

Aber es gibt auch Frauen, die eine „Gott-ist-so-heilig-und-ich-bin-so-sündig"-Einstellung an den Tag legen. Diese Haltung macht Sinn, wenn man bedenkt, dass sich viele sexuell missbrauchte Frauen extrem schuldig fühlen, so als wären sie für das verantwortlich, was ihnen passiert ist. Auch wenn sie vielleicht nicht dieses Schuldgefühl haben, empfinden sie meist eine tiefe Scham und Wertlosigkeit.

Die eine missbrauchte Frau beschreibt Gott als gemein und grausam; für die andere ist er perfekt und unnahbar. Beide jedoch zogen ihre falschen Schlüsse aus den schlechten Erfahrungen mit ihren Vätern.

Sechs Schwierigkeiten
mit dem Charakter Gottes

Ein in einer internationalen Organisation tätiger Manager musste erleben, wie sein Vater das Haus verließ und nie zurückkehrte. Damals, mit zehn Jahren, war er am Boden zerstört. Die folgenden Jahre bescherten ihm einige Stiefväter, zum Teil nett, zum Teil „merkwürdig". Der Mann wurde Christ, aber auf seinem Weg dahin, Gott zu vertrauen, musste er große Hindernisse überwinden, die aus der Scheidung seiner Eltern resultierten. Seine Erfahrungen halfen ihm, die Probleme zu definieren, denen sich oft jene gegenübersehen, die keine guten Erfahrungen mit ihren Vätern gemacht hatten, als sie Christ wurden.

Die Lösung zu diesen Problemen liegt in Paulus' Aufforderung, den „guten Kampf des Glaubens" zu kämpfen (1. Timotheus 6,12). Wir kämpfen gegen Lügen über den Charakter Gottes, indem wir uns bewusst entscheiden, seinem Wort zu glauben anstatt unserem Gefühl. Die Stellen zu identifizieren, an denen uns unsere Väter etwas Falsches über den Charakter Gottes vermittelt haben, kann uns helfen, herauszufinden, wo wir Gott ganz besonders für sich selbst sprechen lassen müssen.

Vielleicht hast du Schwierigkeiten damit, zu glauben, dass Gott dich nie verlassen wird.

Der junge Mann, von dem vorhin die Rede war, erinnert sich noch genau an die Gedanken, die er hatte, als sein Vater die Familie verließ: „Gerade dann, wenn du deinen Vater wirklich brauchst, haut er ab." Frauen, die eine ähnliche Enttäuschung erlebt haben, kann es schwer fallen, von Gott ein anderes Verhalten zu erwarten.

Und doch sagt Gott: „Vergisst etwa eine Frau ihren Säugling, dass sie sich nicht erbarmt über den Sohn ihres Leibes? Sollten selbst diese vergessen, ich werde dich niemals vergessen" (Jesaja 49,15-16).

Vielleicht hast du Schwierigkeiten mit Gottes Autorität.

Wie reagierst du, wenn Gott dir sagt, dieses zu tun oder jenes zu lassen? Gehorchst du sofort, oder wartest du, bis er seine Aufforderung noch zehn oder fünfzehn Mal wiederholt hat? Muss er dich anschreien, damit du gehorchst?

Wenn das nötig ist, reagierst du auf ihn vielleicht wie auf deinen distanzierten oder passiven Vater.

Oder vielleicht springst du, wenn du sein Gebot hörst, hast aber Schwierigkeiten zu glauben, dass er dich liebt, auch wenn er dich zurechtweist.

Doch dein himmlischer Vater hat nur Gutes im Sinn, wenn er dich anleitet oder zurechtweist. „Denn ich kenne ja die Gedanken, die ich über euch denke, spricht der Herr, Gedanken des Friedens und nicht zum Unheil, um euch Zukunft und Hoffnung zu gewähren" (Jeremia 29,11).

Vielleicht kannst du nicht glauben, dass Gott dich beschenken will.

Wenn dich dein Vater nicht beschenkt hat oder es nur widerwillig tat oder jedes seiner Geschenke mit vielen Worten darüber begleitete, wie viel er für dich und wie wenig du für ihn getan hast, hast du nur wenig über Gottes Großzügigkeit gelernt. Etwas von Gott zu empfangen kann dir schwer fallen, weil du nicht glauben kannst, dass er dich beschenken will.

Doch Paulus erinnert uns: „Er, der doch seinen eigenen Sohn nicht verschont, sondern ihn für uns alle hingegeben hat: wie wird er uns mit ihm nicht auch alles schenken?" (Römer 8,32).

Gott zu lieben und sich von Ihm lieben zu lassen,
kann schwierig sein.

Wenn du je mit offenen Armen auf deinen Vater zugegangen bist und er nicht reagierte, hast du vielleicht Schwierigkeiten, Gott deine Zuneigung auszudrücken. Du weißt, dass du das solltest. Doch vom Gefühl her scheust du dich vielleicht davor, weil du befürchtest, dass deine Liebe nicht angenommen oder erwidert wird.

Unmöglich! „Gott aber erweist *seine* Liebe zu uns darin, dass Christus, als wir noch Sünder waren, für uns gestorben ist" (Römer 5, 8). Jesus, mit ausgebreiteten Armen am Kreuz hängend, ist Gott, der dir seine Umarmung anbietet. Und wenn du seine Liebe erwiderst, ist das die Reaktion: „Er freut sich über dich in Fröhlichkeit, er schweigt in seiner Liebe, er jauchzt über dich mit Jubel" (Zephania 3,17). Deine Liebe zu Gott lässt den Himmel singen!

Vielleicht hast du Schwierigkeiten zu glauben, dass Gott treu ist.

Wenn ein Vater sagt: „Samstag machen wir ein Picknick", und am Samstag passiert nichts dergleichen, lernt eine Tochter, dass das Wort ihres Vaters nicht viel wert ist. Er hält seine Versprechen, wenn es ihm passt oder er sich an sie erinnert oder nichts anderes ansteht. Es ist wahrscheinlich, dass die Tochter eines solchen Vaters von Gott dasselbe Verhalten erwartet.

Gott wird so ein Verhalten aber niemals an den Tag legen, denn: „Gottes Weg ist untadelig; des Herrn Wort ist lauter, ein Schild ist er allen, die sich bei ihm bergen" (Psalm 18,31). Er zögert nicht, es deutlich zu machen, dass auf *sein* Wort Verlass ist. Er erklärt:

> *Ich bin der Herr und sonst gibt es keinen Gott! Nicht im Verborgenen habe ich geredet, am Ort eines finsteren Landes. Ich sprach zu den Nachkommen Jakobs nicht: Sucht mich vergeblich! Ich bin der Herr, der Gerechtigkeit redet, Wahrheit verkündet (Jesaja 45,19).*

Dein Herz vor Gott auszuschütten, kann dir schwer fallen.

Es war ein schwerer Tag gewesen für die elfjährige Nancy. Die Geografiearbeit, von der sie sich eine gute Note versprochen hatte, kam mit einer „6" bewertet zurück, weil Nancy die Aufgabe falsch verstanden hatte. Deprimiert schleppte sie sich durch die Hintertür ins Haus und wollte nur zu gern ihrem Vater ihr Leid klagen. Er war auch ein guter Zuhörer, aber nur bis zu dem Punkt, als Nancy anfing zu weinen. Seine Stimmung änderte sich und er hielt seiner Tochter eine Predigt darüber, dass es falsch war, wegen so etwas zu weinen.

Aus diesem Erlebnis lernte Nancy, dass sie ihre Gefühle vor ihrem Vater verbergen musste, wenn sie von ihm akzeptiert sein wollte. Jetzt bläut sie ihrer jüngeren Schwester ein: „Lass dich von Daddy bloß nicht beim Heulen erwischen!"

Was richtet diese „Lektion" in Nancys Beziehung zu Gott an? Vielleicht beginnt sie, ihre Gebete „Korrektur zu lesen", damit sie „geistlich genug" klingen, um Gott zu gefallen. Gebete müssen steril und emotionslos sein, oder sie riskiert, wieder so barsch in die Schranken gewiesen zu werden. Doch der, zu dem sie betet, fordert keine solche Sterilität. Er würde ihr sagen lassen: „Schüttet euer Herz vor ihm aus! Gott ist unsere Zuflucht" (Psalm 62,9).

Selbst wenn ihr Vater sie enttäuscht hat, kann eine Frau eine tiefe Beziehung zu Gott aufbauen. Sie kann es lernen, sich für sein Wort zu entscheiden und ihm zu glauben. Die Beziehung zu ihm wird auch immer tiefer, wenn sie das Wirken Christi an den Mitgliedern seines Leibes auf Erden erlebt. Dem wollen wir uns in den folgenden Kapiteln noch ein wenig zuwenden.

---

[1]   Martha Popson: „The Lap of God" in: *Daughters of Sarah*, November/Dezember 1987, S. 19.

[2]   Bruce Narramore: *Help! I'm a Parent!* Grand Rapids, Michigan: Zondervan Publishing House, 1972, S. 13–14.

[3]   Bruce Narramore: *A Guide to Child-Rearing*. Grand Rapids, Michigan: Zondervan, 1972, S. 41–42.

13. Näher zu deinem himmlischen Vater

Lies diesen Dank einer Tochter an ihren Vater zum Vatertag:[1]

Es ist Vatertag, Daddy, und hier sitze ich und packe dein Geschenk ein. Ich bin voll Erinnerungen an meine Kindheit, wie es war, als deine Tochter aufzuwachsen. Erinnerst du dich zum Beispiel an den Abend vor so langer Zeit, als ich meine allererste Verabredung zum Abendessen hatte? Ich war noch ziemlich jung und schüchtern und mochte Pferde immer noch lieber als Jungs. Doch du machtest mir Mut, mit dem Jungen auszugehen. Du wusstest, dass mir das gefallen würde.

Am Nachmittag kam ein Blumenbukett. Nie werde ich vergessen, wie mir das Herz bis zum Halse schlug, als ich es aus der Schachtel nahm. Du sagtest, ich müsste jemand ganz Besonderes sein, wenn ich solche Blumen bekam. Ich – jemand Besonderes? Ich konnte meinen Blick nicht von den Blumen losreißen. Ich studierte mein Gesicht im Spiegel und wünschte, ich wäre hübscher. Auf meiner Nase hatte ich einen hässlichen Kratzer. Doch als es Zeit war zu gehen, sagtest du, dass ich wunderschön aussähe. Das waren genau deine Worte.

„Komm nicht zu spät nach Hause", sagte Mama lachend. Du lächeltest auch und zeigtest auf deine Uhr. Ich war so nervös, dass ich mein Kleid in der Autotür einklemmte.

Im Restaurant schienen mich alle Leute anzustarren. Hatten die noch nie zwei Menschen bei einer Verabredung gesehen? Oder starr-

ten die alle auf meine Nase? Ich war sehr verlegen – du weißt, wie
unsicher ich damals war.

Der Tisch war nur für zwei gedeckt, mit einer Kerze in der
Mitte. Ins Gespräch zu kommen war einfacher, als ich es mir vorgestellt hatte. Wenn ich darüber nachdenke, redete eigentlich die ganze
Zeit nur ich. Ich redete von der Suppe bis zum Dessert – darüber, dass
ich gern Krankenschwester oder Schriftstellerin werden und nach
Afrika gehen würde, um hungernden Kindern zu helfen. Ich hatte
damals so viele Träume. Sie schienen mir ziemlich unwahrscheinlich,
aber an jenem Abend redete ich über sie und fing an zu glauben, dass
ich einige dieser Dinge wirklich tun könnte.

Als wir zurück nach Hause kamen, wurde ich auf die Wange
geküsst. Ich wollte sagen: „Danke für die Blumen und das Essen und
dafür, dass du es geschafft hast, dass sich ein unsicheres Mädchen als
jemand ganz Besonderes fühlt." Doch nichts davon kam mir über die
Lippen. Alles, was ich zu ihm sagen konnte, war: „Du bist einfach
spitze!" Ich sagte es wieder und wieder. In der Sprache einer Zwölfjährigen hieß das, dass jemand zu wundervoll war, um ihn mit Worten
zu beschreiben.

Tja Daddy, jetzt ist dein Geschenk fast fertig eingepackt. Plötzlich sieht es irgendwie zu wenig aus. Ein Hemd. Habe ich dir letztes
Jahr nicht auch ein Hemd geschenkt? Warum scheinen meine
Vatertagsgeschenke immer so unzureichend? Ist es, weil ich tief drinnen weiß, dass du mir immer noch mehr gegeben hast? Ganz egal,
was ich dir schenke?

Vor fünfundzwanzig Jahren gabst du mir Selbstvertrauen. Wie
sagtest du noch gleich? „Du kannst alles sein, was du sein willst. Du
musst nur an dich glauben." Das sagtest du an jenem Abend im
Restaurant, bei unserer einzigen „Verabredung". Und selbst heute,
wenn ich keine Worte finde, sage ich noch: „Du bist einfach spitze,
Daddy!" Du bist es wirklich.

Sue Monk Kidd, die diese Danksagung geschrieben hat, kam ganz
sicher in den Genuss eines exzellenten Vaters. Aber ich habe wundervolle Neuigkeiten. Auch wenn dein irdischer Vater nicht solch eine
glühende Danksagung verdient hat, kannst du immer noch die Fürsorge eines Vaters genießen, der viel wundervoller ist als Sues.

Wenn du dein Leben Jesus übergeben hast, gehörst du jetzt dem Sohn Gottes, der dich durch seinen Tod und seine Auferstehung von deinen Sünden befreit hat. Im selben Augenblick, als du Christus annahmst, wurde der Vater des Herrn Jesus dein eigener Vater. In jenem Moment wurdest du in seine Familie als Tochter aufgenommen: „Und (ich) werde euch Vater sein, und ihr werdet mir Söhne und Töchter sein, spricht der Herr, der Allmächtige" (2. Korinther 6,18). Lass deinen himmlischen Vater für sich selbst sprechen.

Wie also können wir unserem himmlischen Vater näherkommen? Ich habe drei Vorschläge.

Erstens: Gib Gott die Chance, für sich selbst zu sprechen. Schau in die Schrift, um ein korrektes Bild von Gottes väterlicher Fürsorge zu bekommen.

Die Bibel zeichnet ein klares Bild vom Charakter unseres Vaters und auch davon, wie er uns begegnet. Durch die Schrift lernen wir sein wahres Wesen kennen. Sein Wort fließt über von Aussagen wie diesen:

> *Aber nun, Herr, du bist unser Vater. Wir sind der Ton, und du bist der Bildner, und wir alle sind das Werk deiner Hände (Jesaja 64, 7).*
>
> *Denn so viele durch den Geist Gottes geleitet werden, die sind (Töchter) Gottes. Denn ihr habt nicht einen Geist der Knechtschaft empfangen, wieder zur Furcht, sondern einen Geist der Sohnschaft habt ihr empfangen, in dem wir rufen: Abba, Vater! (Römer 8,14-15).*

Die Auflistung aller Bibelstellen, die von unserem himmlischen Vater sprechen, ergäbe ein eigenes Buch. Allein das Neue Testament spricht mehr als 260-mal von Gott als Vater!

Vielleicht ist die Bibel dir noch nicht so vertraut, oder du liest zum ersten Mal in Bezug auf ein bestimmtes Thema in ihr. Als Starthilfe habe ich deshalb am Ende des Buches Bibelstellen angegeben, die ich für die aussagekräftigsten halte, wenn es um Gottes väterliche Liebe zu dir geht. Im Laufe der nächsten Wochen kannst du vielleicht über eine dieser Bibelstellen pro Tag nachdenken. Wenn du dich in der Bibel schon ein wenig besser auskennst, kannst du dir im Johannesevangelium die Kapitel vierzehn bis sechzehn vornehmen. Dort spricht Jesus beim letzten Abendmahl mit Seinen Jüngern und bezieht sich dabei viele Male auf Gott den Vater. Diese Stellen könntest du dir anstreichen und eine nach der anderen überdenken. Was lehrt dich die Bibelstelle über Gott als den Vater und was möchte er für dich tun? In meiner Bibelübersetzung habe ich in diesen Kapiteln 42 Referenzen auf Gott den Vater gefunden. Wenn du dir zwei solcher Referenzen pro Tag vornimmst, kannst du drei Wochen lang über dieses Thema nachdenken.

Das Lesen der Bibelverse allein wird dich jedoch nicht verändern. Lies dir die Verse laut vor und frage dich dann:

> Was lerne ich über Gott?
> Was möchte er für mich tun?
> Wie reagiere ich darauf?

Ich persönlich habe ein kleines Tagebuch, in das ich mir meine Gedanken notiere. Meine Reaktionen auf Gottes Wort können ganz unterschiedlich sein. Manchmal danke ich ihm einfach für das, was er für mich ist. Oft schreibe ich als Antwort ein Gebet. Manchmal merke ich, wo ich etwas in meinem Leben ändern soll.

Wenn dir einmal die Augen für Gottes väterliches Wirken in der Schrift geöffnet wurden, wirst du es überall entdecken. Altbekannte Bibelstellen werden im Licht des väterlichen Wesens Gottes neue Bedeutung erlangen.

Beispielsweise hatte ich Gottes Versprechen „Ich will dich *nicht* aufgeben und dich nicht verlassen" (Hebräer 13,5) oft zitiert. Erst als ich jedoch meinen himmlischen Vater besser kennen lernte, begriff ich, dass ich einen *engagierten* Vater im Himmel habe. Er ist nie abwesend, weder physisch noch psychisch.

Wenn ich über Jeremia 31,3 nachdenke, wo der Herr sagt: „Ja, mit ewiger Liebe habe ich dich geliebt; darum habe ich dir meine Güte bewahrt", bezeugt das für mich jetzt die *Wärme* meines Vaters.

Ich lese: „Denn wen der Herr liebt, den züchtigt er wie ein Vater den Sohn, den er gern hat" (Sprüche 3,12). Es erinnert mich daran, dass mein Vater nicht passiv ist; er leitet mich und *weist mich zurecht* zu meinem Wohlergehen.

Und mein Vater versucht nicht, „zu wundervoll" zu sein und mich als unmündiges geistliches Kind bei sich zu behalten. Er *lässt mich los*: „ ... bis wir alle hingelangen zur vollen Reife ... Denn wir sollen nicht mehr Unmündige sein" (Epheser 4,13-14a).

Die Bibel erzählt uns die Wahrheit über den Charakter und die Fürsorge unseres Vaters. Die Worte von seiner väterlichen Liebe zu uns bringen uns ihm näher.

Zweitens: Öffne deine Augen für die tägliche, väterliche Fürsorge Gottes für dich. In drei Wochen wird unsere Tochter zwölf Jahre alt. Mike und ich sehen, wie sie aus dem Haus stürmt, um mit ihren Freundinnen ins Kino zu gehen oder wie sie in ihr Zimmer verschwindet, um *ihre* Musik zu hören, und wir sind uns bewusst, dass sie an der Schwelle zum Erwachsenwerden steht. Interessiert höre ich meinem Mann zu, wenn er laut darüber nachdenkt, wie er ihr in den kommenden Jahren sprunghafter Gefühle und durcheinandergewirbelter Hormone beistehen könnte.

Ich sehe sein Verlangen, seine Tochter zu beschützen und anzuleiten, und meine Gedanken wandern zurück zu dem Sommer, als ich vierzehn war und in einen Bus stieg, der mich in das Bibelcamp „Maranatha" in Nebraska bringen sollte. In den fünf Wochen, die ich dort verbrachte, arbeitete, spielte und lernte ich mit einer Gruppe von High School-Teenagern und Studenten, denen Gott extrem wichtig war. Das Camp wollte Jugendliche darauf vorbereiten, was es hieß, Jesus in den 167 Stunden in der Woche nachzufolgen, die wir *nicht* in der Kirche verbrachten. Wir lernten, biblische Prinzipien auf unseren Alltag anzuwenden – darauf, wie wir unsere Betten machten, einen Volleyball übers Netz schlugen, unsere Mitbewohner behandelten und wie wir Entscheidungen bezüglich unserer Sexualität trafen.

Die meisten der Jugendlichen im Camp waren älter als ich, was für mich von großem Wert war. Viele waren über das Alter von „Sandkastenlieben" hinaus und suchten nach echten Antworten auf die Frage, wie sie mit ihrer Sexualität umgehen sollten. Also beschäftigten wir uns mit Gottes Vorstellungen von der Ehe und seinen Maßstäben, was sexuelle Reinheit betrifft. Ich lernte nicht nur etwas über Gottes Vorstellungen, sondern wusste auch um das Warum und wie ich mich verhalten musste, um ihnen gerecht zu werden. Das Zusammensein mit diesen Jugendlichen öffnete mir die Augen dafür, was Gott mir mit einem christlichen Partner alles geben konnte. Es half mir bei der Entscheidung, mich nicht mit weniger zufrieden zu geben.

Kürzlich wurde mir bewusst, dass Gott mich in dem Camp genauso unterrichtet hat, wie Mike es mit unseren eigenen Kindern vorhat. Mein Aufenthalt dort war Gottes Art, mir die Informationen, Motivation und Vorbilder zu geben, die ich brauchte, um mit den Versuchungen umgehen zu können, die in der High School und an der Uni auf mich warteten.

Gottes Wirken zu erkennen, hilft mir, die väterliche Fürsorge wertzuschätzen, mit der er mich ständig umgibt. Das macht mir Mut für die Zukunft. Er wird auch weiterhin für mich sorgen, so wie jeder gute Vater für seine Tochter.

Drittens: Wir können Gott näherkommen, indem wir sein väterliches Wesen annehmen, selbst wenn wir von unseren irdischen Vätern enttäuscht wurden. Der Theologe J. I. Packer sagt:

> Auf dem Gebiet der persönlichen Beziehungen stimmt es nicht, dass positive Konzepte nicht durch Negation entstehen können … Viele junge Menschen gehen mit dem Vorsatz in die Ehe, die Fehler ihrer Elter nicht zu wiederholen – kann das nicht ein positives Ideal sein? Genauso ist der Gedanke, dass unser Schöpfer unser perfekter Elternteil ist – treu in Liebe und Fürsorge, großzügig und bedacht, interessiert an allen unseren Taten, unsere Individualität respektierend, geschickt in der Unterweisung, weise im Anleiten, immer für uns da, uns zu Reife, Integrität und Aufrichtigkeit verhelfend – ein Gedanke, der für alle Menschen Bedeutung haben kann, ob wir nun sagen: „Ich hatte einen wundervollen Vater und sehe, dass Gott auch so ist, nur noch viel besser" oder: „Mein Vater hat mich enttäuscht, aber Gott – Ehre sei seinem Namen – ist ganz anders".[2]

Packer macht uns darauf aufmerksam, dass es mehr als einen Weg gibt, die Wahrheit zu erkennen. Hatten wir das Glück, die Wahrheit am „lebenden Modell" zu sehen, ist es für uns leichter, die wahren Lehren anzunehmen. Doch auch durch den Kontrast mit dem Negativen können wir die Wahrheit erkennen.

Charlie Shedd, im Bewusstsein seiner Verfehlungen als Vater, schreibt:

> Eines Tages, wenn der Zeitpunkt richtig ist, werde ich zu meinem Sohn sagen müssen: Gott ist dein himmlischer Vater und darüber kannst du sehr froh sein. Ich bin dein irdischer Vater. Es gibt da einen gewaltigen Unterschied. Dein himmlischer Vater ist ein perfekter Vater. Da ich das nicht bin, musst du es lernen, mein Handeln mit dem Gottes zu kontrastieren. Wenn ich etwas richtig mache, ist das, wie Gott ist. Wenn ich etwas falsch mache, ist Gott das Gegenteil davon. Wenn du das vergisst, kann es sein, dass du am Ende Gott vielleicht nicht magst.[3]

Wenn wir verstehen, wie wir die Fehler unseres Vaters nutzen können, werden diese von Stolpersteinen zu Sprungbrettern, die uns näher zu unserem himmlischen Vater hinziehen.

Wenn du beispielsweise bei irgendeinem Aspekt von Vaterschaft zu kurz gekommen bist, macht es dich vielleicht neidisch, Geschichten wie die von Sue am Anfang dieses Kapitels zu lesen. Dafür gibt es aber eigentlich keinen Grund. Du *hast* einen perfekten Vater, der dir dutzende Male Mut gemacht hat, zum Beispiel immer dann, wenn dich Seine anderen Kinder lobten und bewunderten. Von Vätern wie Sues zu hören, muss uns nicht entmutigen. Es kann uns vielmehr dazu bringen, neu dankbar zu sein für den wundervollen Vater, den wir bekamen, als wir in Gottes Familie aufgenommen wurden.

Ein Brief an deinen Gott-Vater

Vielleicht hilft dir etwas, das ich speziell für Töchter entworfen habe, die keinen guten irdischen Vater hatten. Am Ende eines Vortrags über Väter und Töchter bitte ich die Zuhörer manchmal, den folgenden Brief an Gott zu vervollständigen. Das könnte auch das Richtige für dich sein. Lies ihn einfach und beende die Sätze so, wie es auf dein Leben zutrifft.

Lieber Vater,

es war kein Zufall, dass ich gerade in meine Familie hineingeboren
wurde. Du hast diese Menschen ausgewählt, damit sie mich etwas
über dich lehren. Danke für das, was ich von meinem Vater über deine
väterliche Fürsorge gelernt habe. Ein Beispiel dafür, wie mir deine
Fürsorge durch meinen irdischen Vater deutlich wurde, ist ...

Himmlischer Vater, wir wissen beide, dass mein irdischer Vater
nicht perfekt war. Ein Beispiel, wo er versagt hat, mir deine väterliche
Fürsorge zu verdeutlichen, ist ...

Vater, mein ganzes Leben lang warst du bei mir. Du benutzt die
Stärken und Schwächen der Beziehung zu meinem irdischen Vater,
um mich näher zu dir hinzuziehen. Und du arbeitest daran, die
Wunden zu heilen, die ich durch meinen irdischen Vater empfangen
habe. Danke dafür, dass deine väterliche Fürsorge in meinem Leben
hier deutlich wird: ...

Deine Tochter, ...

Eine Tochter Gottes sein

Wir haben viel Zeit darauf verwendet, unsere Väter als irdische Abbil-
der von Gottes Vater-Natur zu betrachten. Wir schauen zurück auf
unsere irdischen Väter, damit wir frei werden, uns Gott immer mehr zu
nähern. Philippus flehte Jesus an: „Herr, zeige uns den Vater, und es
genügt uns" (Johannes 14, 8). Philippus sehnte sich jedoch nicht
nach der Fürsorge eines irdischen Vaters. Nur die Liebe und Fürsorge
des himmlischen Vaters kann uns wirklich befriedigen.

Und weil ich glaube, dass seine Liebe unseren Hunger nach
väterlicher Zuwendung stillen kann, lade ich dich ein, mit mir die
folgenden ermutigenden Worte nach dem Heidelberger Katechismus
zu sprechen:

> Der ewige Vater unseres Herrn Jesus Christus,
> der aus dem Nichts Himmel und Erde erschuf
> und alles, was darinnen ist,
> der sie immer noch erhält und regiert

durch seine ewige Vorsehung und unvergänglichen Ratsspruch,
ist mein Gott und Vater
durch Christus, seinen Sohn.

Ich vertraue ihm so sehr, dass ich nicht daran zweifle,
dass er mich mit allem versorgen wird,
was ich brauche
für Körper und Geist.
Und er wird mir zum Guten wenden
jede Not, die er mir schickt
in dieser traurigen Welt.
Er kann dies tun, weil er der allmächtige Gott ist.
Er will dies tun, weil er ein treuer Vater ist.
Amen.[4]

---

[1] Sue Monk Kidd: „Sincerely ..." in: *Guideposts*, Juni 1988, S. 45.
[2] J. I. Packer: *Knowing God*. Downer's Grove, Illinois: InterVarsity Press, 1973, S. 184.
[3] Charlie Shedd: *You Can Be a Great Parent*. Waco, Texas: Word Books, 1970, S. 70.
[4] Don Posterma: *Space for God*. Grand Rapids, Michigan: Board of Publications of the Christian Reformed Church, 1983, S. 12.

14. Dein Vater liebt dich: Ein Gebetstagebuch

Was ist ein Christ? Auf diese Frage gibt es viele Antworten, aber die beste, die ich kenne, ist die, dass ein Christ Gott zum Vater hat.

J. I. Packer in: „Knowing God"

Um jemandem, den man liebt, näherzukommen, muss man die Gedanken dieser Person kennen und sich selbst offenbaren. Das trifft auch auf die Beziehung zwischen dir und deinem himmlischen Vater zu.

Auf den folgenden Seiten findest du fünfzehn Andachten. Jede beginnt mit einer Bibellese zum Thema Charakter oder Persönlichkeit. Die anschließenden Fragen und Denkanstöße sollen dir helfen, darüber nachzudenken, was Gott uns von sich offenbart hat. Die Andacht endet mit dem Anfang eines Gebets, das dir helfen kann, dein Herz vor Gott auszuschütten.

Mein Wunsch ist es, dass „der Christus durch den Glauben in euren Herzen wohne und ihr in Liebe gewurzelt und gegründet seid, damit ihr imstande seid, mit allen Heiligen völlig zu erfassen, was die Breite und Länge und Höhe und Tiefe ist, und zu erkennen die die Erkenntnis übersteigende Liebe des Christus, damit ihr erfüllt werdet zur ganzen Fülle Gottes" (Epheser 3,17-19).

Ein Vater, bei dem du du selbst sein kannst

Gottes Wort für dich:

> *„Deshalb beuge ich meine Knie vor dem Vater, von dem jede*
> *Vaterschaft in den Himmeln und auf Erden benannt wird: er*
> *gebe euch nach dem Reichtum seiner Herrlichkeit, mit Kraft*
> *gestärkt zu werden durch seinen Geist an dem inneren Men-*
> *schen, dass der Christus durch den Glauben in euren Herzen*
> *wohne" (Epheser 3,14-17a).*

Zum Nachdenken:

Bist du bei deinem himmlischen Vater zu Hause? Kannst du einen Seufzer der Erleichterung ausstoßen, die Schuhe von den Füs-
sen streifen, deine Masken ablegen und dich in seine Liebe fallen
lassen, wenn du mit ihm allein bist? Er möchte, dass du bei ihm zu
Hause bist.

Ein Gebetsanfang:

Vater, du akzeptierst mich so, wie es kein Mensch jemals könnte.
Wenn ich mir vorstelle, wie du mich in deiner Gegenwart zur Ruhe
kommen lassen willst, dann …

Ein liebender Vater

Gottes Wort für dich:

> *„ … dass ihr in Liebe gewurzelt und gegründet seid, damit ihr*
> *imstande seid, mit allen Heiligen völlig zu erfassen, was die*
> *Breite und Länge und Höhe und Tiefe ist, und zu erkennen die*
> *die Erkenntnis übersteigende Liebe des Christus, damit ihr*
> *erfüllt werdet zur ganzen Fülle Gottes" (Epheser 3, 17b-19).*

Zum Nachdenken:

Gott liebt dich, und er ist nicht damit zufrieden, wenn du das nur mit deinem Verstand begreifst. Er möchte, dass du seine Liebe fühlst und dein ganzes Wesen von ihr durchdringen lässt. Wann hast du Gottes Liebe am deutlichsten gespürt?

Ein Gebetsanfang:

Vater, wenn ich höre, wie du sagst, dass du mich liebst, dann ...

Ein Vater, der dich will

Gottes Wort für dich:

> *„Als aber die Fülle der Zeit kam, sandte Gott seinen Sohn, geboren von einer Frau, geboren unter Gesetz, damit er die loskaufte, die unter Gesetz waren, damit wir die Sohnschaft empfingen. Weil ihr aber Söhne seid, sandte Gott den Geist seines Sohnes in unsere Herzen, der da ruft: Abba, Vater! Also bist du nicht mehr Sklave, sondern Sohn (oder Tochter); wenn aber Sohn (oder Tochter), so auch Erbe durch Gott"* (Galater 4, 4-7).

Zum Nachdenken:

Gott hat dich zu Seiner Tochter erwählt – nicht zum Dienstmädchen oder zur Angestellten oder zu einer entfernten Verwandten – zu Seiner Tochter! Kannst du dir Gott vorstellen, wie er dir zulächelt und sagt: „Dies ist meine geliebte Tochter, an der ich Wohlgefallen gefunden habe"?

Ein Gebetsanfang:

Vater, dich „Papa" zu nennen, scheint ...

Ein Vater, der hilft

Gottes Wort für dich:

> *"Alles ist mir übergeben worden von meinem Vater; und niemand erkennt den Sohn als nur der Vater, noch erkennt jemand den Vater als nur der Sohn, und der, dem der Sohn ihn offenbaren will. Kommt her zu mir, alle ihr Mühseligen und Beladenen! Und ich werde euch Ruhe geben. Nehmt auf euch mein Joch und lernt von mir! Denn ich bin sanftmütig und von Herzen demütig, und ,ihr werdet Ruhe finden für eure Seelen'; denn mein Joch ist sanft und meine Last ist leicht" (Matthäus 11, 27-30).*

Zum Nachdenken:

Dein Vater will nicht, dass du erschöpft bist. Er will dir Ruhe geben. In welchen Bereichen deines Lebens könntest du es ihm erlauben, dich zur Ruhe kommen zu lassen?

Ein Gebetsanfang:

Vater, ich fühle mich erschöpft und überfordert, wenn ich an Folgendes denke: ...

Ein Vater, dem du glauben kannst

Gottes Wort für dich:

> *"Geht nicht unter fremdartigem Joch mit Ungläubigen! ... Welchen Zusammenhang hat der Tempel Gottes mit Götzenbildern? Denn wir sind der Tempel des lebendigen Gottes; wie Gott gesagt hat: ,Ich will unter ihnen wohnen und wandeln, und ich werde ihr Gott sein, und sie werden mein Volk sein.' Darum geht aus ihrer Mitte hinaus und sondert euch ab! spricht der Herr. Und rührt Unreines nicht an! Und ich werde euch annehmen und werde euch Vater sein und ihr werdet mir*

Söhne und Töchter sein, spricht der Herr, der Allmächtige"
(2. Korinther 6,14 und 16-18).

Zum Nachdenken:

Gott wird uns seine Liebe nicht aufzwängen oder uns dazu zwingen, seine Fürsorge anzunehmen. Seine Liebe kann nur dort Wurzeln schlagen, wo sie den guten Boden des Glaubens findet. Wir müssen uns dafür entscheiden, das zu glauben, was er über sich selbst sagt. Wenn wir Gott an uns heranlassen, nimmt er sich unser an. Was macht es dir schwer, ihm zu glauben, wenn er sagt, dass er dich wirklich liebt?

Ein Gebetsanfang:

Vater, ich stelle mir vor, wie ich meine Arme ausbreite, um dich zu umarmen. Wenn ich dich umarme, dann ...

Ein Vater, der dich einlädt

Gottes Wort für dich:

> *"Denn er spricht: ,Zur angenehmen Zeit habe ich dich erhört, und am Tage des Heils habe ich dir geholfen.' Siehe, jetzt ist die wohlangenehme Zeit, siehe, jetzt ist der Tag des Heils"*
> *(2. Korinther 6,2).*

Zum Nachdenken:

Gott wartet darauf, eine warme und liebevolle Beziehung zu dir aufzunehmen. Wenn du sein Lächeln immer noch nicht erwidern und seine Hand nicht ergreifen kannst – warum ist das so? Musst du ihm eine Sünde bekennen? Ein Unrecht wieder gutmachen? Oder einfach nur deinen Unglauben beiseite schieben, damit du zu ihm kommen kannst?

Ein Gebetsanfang:

Vater, du bist froh, mich zu kennen und möchtest mir nahe sein.
Wenn ich darüber nachdenke, wie du fühlst, dann ...

Ein Vater, der dich akzeptiert

Gottes Wort für dich:

> *„Denn so viele durch den Geist Gottes geleitet werden, die
> sind Söhne (und Töchter) Gottes. Denn ihr habt nicht einen
> Geist der Knechtschaft empfangen, wieder zur Furcht, sondern
> einen Geist der Sohnschaft habt ihr empfangen, in dem wir
> rufen: Abba, Vater! Der Geist selbst bezeugt zusammen mit
> unserem Geist, dass wir Kinder Gottes sind. Wenn aber Kinder,
> so auch Erben, Erben Gottes und Miterben Christi, wenn wir
> wirklich mitleiden, damit wir auch mitverherrlicht werden.
> Denn ich denke, dass die Leiden der jetzigen Zeit nicht ins
> Gewicht fallen gegenüber der zukünftigen Herrlichkeit, die an
> uns geoffenbart werden soll" (Römer 8,14-18).*

Zum Nachdenken:

Wenn wir uns von Gott lieben lassen, werden wir in seine Familie
hineingeboren. Dieser neue Status als Gottes Kind kann niemals von
uns genommen werden. Fühlst du dich manchmal nicht gut genug,
um seine Tochter zu sein? Oder fühlst du dich manchmal, als hätte
etwas, das du getan hast, Gottes Meinung über dich und deinen
Status als seine Tochter geändert? Deine Gewissheit in dieser Frage
hängt nicht von deinen Gefühlen ab, sondern allein von Gott. Du
hast dir die Aufnahme in seine Familie nicht verdient, und du kannst
dich auch nicht selbst hinausbefördern!

Ein Gebetsanfang:

Vater, ich bin nicht sicher, ob ich zu dir gehöre, wenn ...

Ein stolzer Vater

Gottes Wort für dich:

> *„Seht, welch eine Liebe uns der Vater gegeben hat, dass wir Kinder Gottes heißen sollen! Und wir sind es. Deswegen erkennt uns die Welt nicht, weil sie ihn nicht erkannt hat"* (1. Johannes 3,1).

Zum Nachdenken:

Gott zuckt nicht zusammen oder verdreht die Augen, weil er dich als sein Kind annehmen muss. Er hat dich zur Tochter erwählt, und auf diese Wahl ist er stolz. Er freut sich an dir. Was, denkst du, gefällt ihm an dir am meisten? Wann freut er sich am meisten über dich? Hast du ihn das schon mal gefragt?

Ein Gebetsanfang:

Vater, mir gefällt der Gedanke, dass du lächelst, wenn ich …

Ein großzügiger Vater

Gottes Wort für dich:

> *„Hierin ist die Liebe Gottes zu uns geoffenbart worden, daß Gott seinen eingeborenen Sohn in die Welt gesandt hat, damit wir durch ihn leben möchten. Hierin ist die Liebe: nicht dass wir Gott geliebt haben, sondern dass er uns geliebt und seinen Sohn gesandt hat als eine Sühnung für unsere Sünden"* (1. Johannes 4,9-10).

Zum Nachdenken:

Gottes Zuneigung zu dir ist nicht nur Gerede. Er bewies sie, indem er Jesus an deiner Stelle sterben ließ. Denkst du daran, es Gott zu danken, dass du ihm so viel bedeutest? Kannst du deine Dankbarkeit auf eine persönliche Art und Weise, die dich ruhig etwas kosten darf, ausdrücken? (Vielleicht indem du jemandem in deinem Leben Liebe schenkst, der sie nicht verdient.)

Ein Gebetsanfang:

Vater, für mich hast du den, der dir am meisten bedeutete, geopfert. Ich möchte dir dafür danken, indem ich ...

Ein Vater, der dich ermutigt

Gottes Wort für dich:

> *„Und wir haben erkannt und geglaubt die Liebe, die Gott zu uns hat. Gott ist Liebe, und wer in der Liebe bleibt, bleibt in Gott und Gott bleibt in ihm. Hierin ist die Liebe bei uns vollendet worden, dass wir Freimütigkeit haben am Tag des Gerichts, denn wie er ist, sind auch wir in dieser Welt"* *(1. Johannes 4,16-17).*

Zum Nachdenken:

Es ist nicht nötig, totales Vertrauen in Gottes Liebe zu haben. Die Bibel sagt, dass unser Vertrauen auf unserem Weg mit Jesus wächst und vollendet wird. Wo hast du Wachstum deiner Liebe zu Gott entdeckt? Welche Fortschritte siehst du, wenn es darum geht, seine Liebe zu dir zu erfahren?

Ein Gebetsanfang:

Vater, ich vergesse, dass ich noch im Wachsen begriffen bin. Ich bin noch nicht die, die ich sein sollte, aber es gibt Bereiche in meinem Leben, wo ich auch nicht mehr dort bin, wo ich einst war. Danke für alles Wachstum, das du mir hier geschenkt hast: ... .

Ein Vater,
vor dem du keine Angst haben musst

Gottes Wort für dich:

> *„Furcht ist nicht in der Liebe, sondern die vollkommene Liebe treibt die Furcht aus, denn die Furcht hat es mit Strafe zu tun. Wer sich aber fürchtet, ist nicht vollendet in der Liebe. Wir lieben, weil er uns zuerst geliebt hat"* (1. Johannes 4, 18-19).

Zum Nachdenken:

Wenn die Schrift uns anweist, „den Herrn zu fürchten", ist damit Ehrfurcht und Anbetung gemeint. Gott will nicht, dass wir Angst vor ihm haben. Dieser Vater sehnt sich nach Gehorsam, der aus Liebe kommt – und nicht aus Furcht. Gibt es Gelegenheiten, wo du dich davor fürchtest, mit ihm allein zu sein und dich versteckst wie Adam und Eva im Garten Eden? Er möchte das, was dich von ihm trennt, aus dem Weg räumen.

Ein Gebetsanfang:

Vater, ich habe Angst vor dir, wenn …

Ein Vater, der dich nie verlässt

Gottes Wort für dich:

> *„Sogar mein Vater und meine Mutter haben mich verlassen, aber der Herr nimmt mich auf"* (Psalm 27,10).

Zum Nachdenken:

Hat dich dein irdischer Vater im Stich gelassen? Oder war er zwar anwesend, aber du hast dich von ihm emotional allein gelassen gefühlt? Bei Gott gibt es kein „Vaterabwesenheits-Syndrom", weil sein größtes Geschenk an uns seine Gegenwart ist.

Ein Gebetsanfang:

Vater, wirst du immer bei mir sein? Ich …

Ein zärtlicher Vater

Gottes Wort für dich:

> *„Wie sich ein Vater über Kinder erbarmt, so erbarmt sich der Herr über die, die ihn fürchten" (Psalm 103,13).*

Zum Nachdenken:

Mitgefühl heißt „mit Gefühl" oder „mitfühlen", und das ist die Einstellung deines Vaters zu dir. Mit ihm wird es keine Grobheiten oder Grausamkeiten geben. Sein Herz bricht, wenn deines es tut. Deine Schmerzen sind seine Schmerzen, deine Freude ist die seine. Fällt es dir leicht, zu glauben, dass Gott mit dir fühlt?

Ein Gebetsanfang:

Vater, das Gefühl, das ich dir am dringendsten mitteilen möchte, ist …

Ein Vater, der dich zurechtweist

Gottes Wort für dich:

> *„Die Zucht des Herrn, mein Sohn, verwirf nicht und lass dich nicht verdrießen seine Mahnung! Denn wen der Herr liebt, den züchtigt er wie ein Vater den Sohn, den er gern hat" (Sprüche 3, 11-12).*

Zum Nachdenken:

Wir sind alle Kinder, die Hilfe dabei brauchen, richtig von falsch zu unterscheiden. Und wenn es um unsere eigenen Fehler geht, sind wir selten objektiv. Unser himmlischer Vater jedoch ist es. Er weiß, wo wir Korrektur brauchen und wann der beste Zeitpunkt dafür ist. Gibt es einen Lebensbereich, den er bei dir verändern will? Wenn du weißt, woran er arbeiten will, kannst du mit ihm, nicht gegen ihn arbeiten.

Ein Gebetsanfang:

Vater, du hast versucht, mich hier zu korrigieren: …

Ein Vater,
für den wir uns entscheiden müssen

Gottes Wort für dich:

> *„Er kam in das Seine, und die Seinen nahmen ihn nicht an; so viele ihn aber aufnahmen, denen gab er das Recht, Kinder Gottes zu werden, denen, die an seinen Namen glauben; die nicht aus Geblüt, auch nicht aus dem Willen des Fleisches, auch nicht aus dem Willen des Mannes, sondern aus Gott geboren sind"* (Johannes 1,11-13).

Zum Nachdenken:

Unseren leiblichen Vater haben wir uns nicht ausgesucht, aber in unserer himmlischen Familie ist das anders. Gott erwählte uns zu Seinen Kindern, aber auch wir haben ein Mitspracherecht. Hast du ihn als deinen eigenen, lieben Vater angenommen, dich entschieden, in seine Familie hineingeboren zu werden?

Ein Gebetsanfang:

Vater, dich anzunehmen bedeutet einen Weg zu beschreiten, von dem ich nicht sehen kann, wohin er führt. Ich habe mein Schicksal nicht länger in der Hand. Alles, was ich sehe, bist du neben mir. Du willst mich bei der Hand nehmen. Zu deiner Einladung sage ich: …